Hans-Jürgen Fuß

Die schönsten Radfernwege
Elberadweg
Von Bad Schandau nach Magdeburg

BVA
Bielefelder Verlag

Impressum:

Buch- und Umschlaggestaltung: Green Tomato, Bielefeld

Titelfoto: DWT/Münch

Fotos: Hans-Jürgen Fuß, Bokholt-Hanredder

Kartographie: Bielefelder Verlag

Druck: Buchkunst Klingenberg Leipzig

ISBN 978-3-87073-426-8

Die Elbe

Eine einmalige Natur- und Kulturlandschaft

Die Elbe gehört zu den bedeutendsten und faszinierendsten Strömen Europas. Als Labe entspringt sie im tschechischen Riesengebirge in 1383 Metern Höhe, durcheilt das Böhmische Mittelgebirge, verlässt ihr »Geburtsland« nach 364 Flusskilometern, durchbricht auf bundesdeutschem Boden das Elbsandsteingebirge, erreicht das Norddeutsche Tiefland und mündet nach insgesamt 1091 Kilometern als mächtiger Strom bei Cuxhaven in die Nordsee.

Die Elbe, die auf 940 Kilometern schiffbar ist, wird allgemein in drei Flussabschnitte geteilt: Oberelbe, Mittelelbe und Unterelbe. Die Oberelbe reicht von der Quelle bis an den Rand des Norddeutschen Tieflands (bei Riesa), die Mittelelbe findet an der Staustufe Geesthacht ihre von Menschen geschaffene Grenze, die bis zur Mündung in die Nordsee reichende Unterelbe (auch Tideelbe) befindet sich im Einfluss von Ebbe und Flut.

Im vorliegenden Buch begleiten wir die Elbe auf ihrem Weg von Bad Schandau an der deutsch-tschechischen Grenze bis zur anhaltischen Landeshauptstadt Magdeburg. Mit der Oberelbe durchqueren wir die einmalige Felsenlandschaft des sächsischen Elbsandsteingebirges, verweilen in dem inmitten eines Hügel- und Plattenlandes liegenden Dresdner Elbtal und gelangen durch eine reizvolle Weinbergslandschaft in das Norddeutsche Tiefland. Hier folgen wir der Mittelelbe durch die Elbtalaue, einen der bedeutendsten Naturräume Europas. Die Elbtalaue, die zu den ursprünglichsten Flusslandschaften Europas zählt, ist wesentlicher Bestandteil des von der UNESCO 1997 ausgewiesenen, sich auf einer Elblänge von fast 400 Kilometern von Pretzsch in Sachsen-Anhalt bis nach Geesthacht in Schleswig-Holstein erstreckenden »Biosphärenreservats Flusslandschaft Elbe«. Die Elbtalaue bietet mit ihren Sand- und Schlickbänken, Qualmwasserbereichen, Flutrinnen und Altwässern, Feuchtgrünländern, Dünen und Überresten einstmals riesiger Auenwälder einen idealen Lebensraum für viele Pflanzen- und Tierarten. Hier fühlen sich mehr als 250 Vogelarten heimisch – dazu zählen auch selten gewordene Arten wie Kranich, Rot- und Schwarzmilan, Schwarzstorch sowie See- und Fischadler. In keiner anderen Flussniederung Deutschlands finden sich mehr Weißstörche. Für Hunderttausende Zugvögel, vornehmlich Wasser- und Watvögel, ist die weitläufige Auenlandschaft ein wichtiger Rast- und Ruheplatz sowie sicheres Winterquartier. In der Elbtalaue hat sich der Bestand des Anfang des 20. Jahrhunderts fast ausgerotteten Elbebibers prächtig erholt, hier hat der Fischotter eine Überlebenschance.

Flusskreuzfahrten auf der Elbe erfreuen sich zunehmender Beliebtheit.

Der obere und mittlere Elberaum ist nicht nur eine einmalige, abwechslungsreiche und vielgestaltige Naturlandschaft, er ist auch eine überaus bemerkenswerte, geschichtsträchtige Kulturlandschaft. In heftig pulsierenden Großstädten, mittelalterlichen Kleinstädten und weltabgeschiedenen Dörfern gibt es eine fast unüberschaubare Menge an bedeutenden Sakral- und Profanbauten der Romanik, der Gotik, der Renaissance, des Barock, der Klassizismus und der (Post)Moderne. Allerorten und zuhauf sind interessante Museen und Ausstellungen eingerichtet.

Der Elberadweg, der beliebteste Radfernweg Deutschlands

Der Elberadweg begleitet die Elbe von der Quelle bis zur Mündung. »Begleitung der Elbe« bedeutet im Bereich des deutschen Abschnitts der Oberelbe überwiegend »ufernah«, im Norddeutschen Tiefland aufgrund landschaftlicher Gegebenheiten (Deiche, Überflutungs- und Entwässerungsgebiete, Altarme) meist »nicht ufernah«.

Auf dem Gebiet der Bundesrepublik Deutschland verläuft der Elberadweg überwiegend auf verkehrsarmen Straßen und autofreien, asphaltierten und geschotterten Rad-, Güter- und Deichwegen. Nennenswerte Anstiege sind nicht zu bewältigen. Er ist damit für Familien mit größeren Nachwuchsradlern und sportlich ambitionierte Langstreckenbiker gleichermaßen geeignet.

Der Elberadweg, der seit seiner »offiziellen Eröffnung« (2002) die Rangliste der beliebtesten bundesdeutschen Radfernwege anführt, ist durchgängig und in beiden Fahrtrichtungen ausgeschildert. Leider haben sich die verantwortlichen Stellen (sieben Bundesländer, unzählige Landkreise) noch nicht auf

Der Seitenradschleppdampfer »Württemberg« hat am Elbufer seinen letzten Liegeplatz gefunden.

Eine vorbildliche Wegweisung findet sich auf dem Wittenberger Marktplatz.

eine einheitliche Ausschilderung verständigen können - einheitlich ist nur das von allen verwendete Logo des Elberadwegs. Nach der Realisierung des ADFC-Projektes »D-Netz-Routen« (Radfernwegenetz Deutschland) wird der Elberadweg die Routennummer 10 haben – aber das ist gegenwärtig noch Zukunftsmusik.

Vorbildlich ist das von den Koordinationsstellen Süd (Bad Schandau-Dessau), Mitte (Dessau-Wittenberge) und Nord (Wittenberge-Cuxhaven) des Elberadwegs bereitgestellte Informationsangebot: Umfassende und aktuelle Informationen über den gesamten Radfernweg (z.B. Baustellen, Wegänderungen, Fährzeiten) finden sich auf einer gemeinsamen Homepage (www.elberadweg.de). Darüber hinaus geben die Koordinationsstellen einen jährlich aktualisierten Flyer heraus, in dem vor allem »radfreundliche Unterkünfte« aufgeführt werden.

i

Koordinationsstelle Elberadweg Süd
Tourismusverband Sächsische Schweiz
Bahnhofstraße 21
01796 Pirna
Tel. 03501/470147, info@sax-ch.de

Koordinationsstelle Elberadweg Mitte
Magdeburger Tourismusverband Elbe-Börde-Heide
Gerhart-Hauptmann-Straße 34
39108 Magdeburg
Tel. 0391/738790, radwege@elbe-boerde-heide.de

Koordinationsstelle Elberadweg Nord
*Elb*schloss Bleckede
Schlossstraße 10
21354 Bleckede
Tel. 05852/951495, nord@elberadweg.de

Zum Gebrauch des Buches

Wir haben den Elberadweg zwischen Bad Schandau und Magdeburg unter landschaftlichen Gesichtspunkten und nach dem Angebot an Sehenswürdigkeiten in sechs (unterschiedlich lange) Etappen eingeteilt – eine den individuellen Bedürfnissen entsprechende andere Wegaufteilung ist selbstverständlich möglich und durchaus sinnvoll. Da der Elberadweg zwischen Bad Schandau und Magdeburg abschnittweise beidseitig des Flusses verläuft (in Zukunft werden weitere Abschnitte beidseitig befahrbar sein), beschreiben wir die jeweils attraktivere Variante (zugegeben, die Auswahl ist nicht immer einfach und durchaus subjektiv), womit wir auf Gesamtstreckenlänge von 348 Kilometern kommen. Die nicht gewählten Varianten werden kurz skizziert.

Hier gibt es keine Probleme.

Wir beschreiben den Radfernweg in der Fahrtrichtung, die die meisten Radtouristen wählen: stromabwärts. Es spricht nichts dagegen, den Elberadweg in entgegengesetzter Richtung zu befahren: Einerseits überwindet die Elbe zwischen Bad Schandau und Magdeburg lediglich einen Höhenunterschied von knapp 70 Metern, andererseits kann der im Norddeutschen Tiefland vorherrschende Westwind ein spürbarer »Hilfsmotor« sein.

Dank der vollständigen Ausschilderung des Radweges (in Sachsen-Anhalt wird der Elberadweg häufig noch mit dem Zusatz »R2« gekennzeichnet) verzichten wir auf eine detaillierte Routenbeschreibung. Lediglich anlässlich der Durchquerung größerer Ortschaften nennen wir die zu befahrenden Straßen – erfahrungsgemäß werden hier Wegweiser leider oft beschädigt oder entfernt.

In wenigen »Tipps« stellen wir interessante Orte, einzelne Sehenswürdigkeiten und besondere Naturschönheiten vor, die abseits der offiziellen Route liegen. Für jeden Abstecher geben wir die Gesamtlänge, also die Summe von Hin- und Rückweg, an.

Die vielen Highlights am und neben dem Elberadweg haben wir durchgehend nummeriert (z. B. ❶) und in der beigefügten Karte eingetragen. Die besonderen Sehenswürdigkeiten der zehn Sightseeing-Touren haben wir gesondert nummeriert (z. B. ❶) und in den entsprechenden Stadtplänen notiert.

Die beigefügte Radwanderkarte bietet eine ausreichende Orientierung über den Verlauf und das Einzugsgebiet des Elberadwegs. Wer detailliertere Karten bevorzugt oder den Radfernweg hin und wieder verlassen und das interessante Hinterland auf eigenen Wegen erkunden möchte, findet ein reichhaltiges Angebot. Empfehlenswert sind die beiden ADFC-Radtou-

Wie bei Coswig (Anhalt) ermöglichen an der Elbe zahlreiche Fähren den Uferwechsel.

renkarten »Havelland/Magdeburger Börde« und »Lausitz/Östliches Erzgebirge« (1:150000), die zusammen den gesamten Elberadweg abdecken, und die detaillierte ADFC-Regionalkarte »Dresden und Umgebung« (1:75000) (Abschnitt zwischen Bad Schandau und Diesbar-Seußlitz, etwa 90 Kilometer). Alle Karten sind im Bielefelder Verlag erschienen.

Einige Tipps

Tipp Jahreszeit

Der Elberadweg kann zu jeder Jahreszeit befahren werden. Die überwiegende Mehrheit der Radtouristen wird zwischen Anfang Juni und Ende September in die Pedale treten, wenn unzählige Rindviecher und Schafe sowie anderes Getier auf saftig grünen Weiden grasen, nicht nur die Störche mit der Aufzucht des Nachwuchses ausgelastet sind, sich reifes Korn im Wind wiegt, Luft und Gewässer (normalerweise) angenehme Temperaturen erreichen. Im Bereich der Oberelbe ist der »goldene Oktober« nicht nur wegen der großartigen Laubfärbung und Fernsichten eine empfehlenswerte Reisezeit – im Sächsischen Weinland ist dann »Erntezeit«.

Tipp Ausrüstung

Angesichts des überwiegend komfortablen Fahrbahnbelages und der wenigen harmlosen Anstiege genügt in der Regel ein normal ausgestattetes Touren- oder Reiserad (ein Rennrad ist ungeeignet, Anhänger können benutzt werden). Die Mitnahme (und sachgerechte Handhabung) eines Reparatur-Sets (Ersatzschlauch, Reifenflickzeug, Glühlampe, Lichtkabel, Seilzug, Textilband, Ersatzspeichen, Reifenheber, Speichenspanner, Maulschlüssel/Knochen, Schraubendreher, Kombizange) sollte für Radtouristen selbstverständlich sein – zur Not gibt es in den größeren Ortschaften Reparaturwerkstätten.

Tipp Verkehrsmittel Bahn

Die Endpunkte des Elberadwegs, Bad Schandau (über Dresden) und Magdeburg, sind von den Bahnzentren der Bundesrepublik Deutschland problemlos zu erreichen. Wer einzelne Etappen des Elberadwegs mit der Bahn zurücklegen will/muss, sollte mit teilweise umständlichen Verbindungen rechnen (Fahrplanauskünfte gibt es beim Reiseservice der Deutschen Bahn, Tel. 11861 und im Internet unter www.bahn.de).

Tipp Verkehrsmittel Schiff

Abgesehen von lokaler Ausflugsschifffahrt (u.a. in Pirna, Dresden, Coswig/Sachsen, Aken, Magdeburg) gibt es auf der Elbe zwischen Bad Schandau und Magdeburg eine überaus reizvolle, regelmäßig verkehrende Schiffslinie (Bad Schandau-Pirna-Dresden-Meißen-Diesbar-Seußlitz). Zahlreiche Elbfähren ermöglichen wiederholte Uferwechsel.

Tipp Unterkunft und Verpflegung

Hier die Elbmetropole Dresden, dort ein weltabgeschiedenes sächsisches Dorf – am Elberadweg gibt es ein extrem weit gefächertes Unterkunftsangebot. Da sich die meisten Gastbetriebe mittlerweile auf Radtouristen einge-

»Radfreundliche Unterkunft« in Belgern

stellt haben, worauf viele mit dem Logo »Radfreundliche Unterkünfte an der Elbe« ausdrücklich hinweisen, wird man/frau auch in der »Radlhauptsaison« (Juni-September) in der Regel das finden, was man/frau sich leisten kann und will: Hotels (vor allem in den größeren Ortschaften und touristischen Zentren), (Land-)Gasthöfe, Pensionen und Privatquartiere (auch auf Bauernhöfen) gibt es reichlich. Wer am liebsten in seinen eigenen »vier Wänden« übernachtet, kann nur auf wenigen Campingplätzen sein Zelt aufschlagen. Freunde von Jugendherbergen finden lediglich in Pirna, Dresden, Radebeul, Meißen, Strehla, Wittenberg, Dessau und Magdeburg eine entsprechende Schlafstelle.

Was für das Übernachtungsangebot gesagt wurde, gilt auch für die Verpflegung. In allen größeren Ortschaften gibt es eine reichhaltige Angebotspalette, die von der Imbissbude bis zum Gourmet-Tempel reichen kann. Angesichts der Länge einiger Etappen und zahlreicher Streckenabschnitte durch »gastronomisches Niemandsland« (Dorfkrämer und Dorfbäckereien gibt es kaum noch) empfiehlt es sich, immer ausreichend Verpflegung mitzunehmen.

Zuletzt eine Bitte

Trotz gewissenhafter Recherche – Gaststätten und Hotels eröffnen, verschwinden oder bekommen »über Nacht« andere Namen, neue Museen erblicken das Licht der Welt, Straßen werden umbenannt, bestehende Wegführungen werden gesperrt oder verändert, Fährverbindungen eingestellt... In diesen (und anderen Fällen) nimmt der Autor über den Verlag gerne Ihre Hinweise und Anregungen entgegen.

Bad Schandau – Dresden

Durch die Sächsische Schweiz zum Weltkulturerbe Dresdner Elbtal

Unser Streifzug entlang der Elbe beginnt mit einem landschaftlichen Paukenschlag: Unser Startpunkt liegt inmitten der einmaligen Felsenlandschaft des seit 1991 in seinem Kerngebiet als Nationalpark ausgewiesenen böhmisch-sächsischen Elbsandsteingebirges. Die in Ausdehnung und Ausprägung durch die Elbe (und ihre Nebenflüsse) geschaffene einmalige Erosionslandschaft der Kreidezeit bietet Anblicke von einmaliger landschaftlicher Schönheit – hier die Felsenwelt der Schrammsteine und Bastei, dort die beiden Tafelberge Lilienstein und Königstein. Wo Felsen, Wälder und Gewässer zusammentreffen, ist die Bezeichnung »Schweiz« nicht fern – seit der Romantik hat sich für das wilde Elbsandsteingebirge der (die touristische

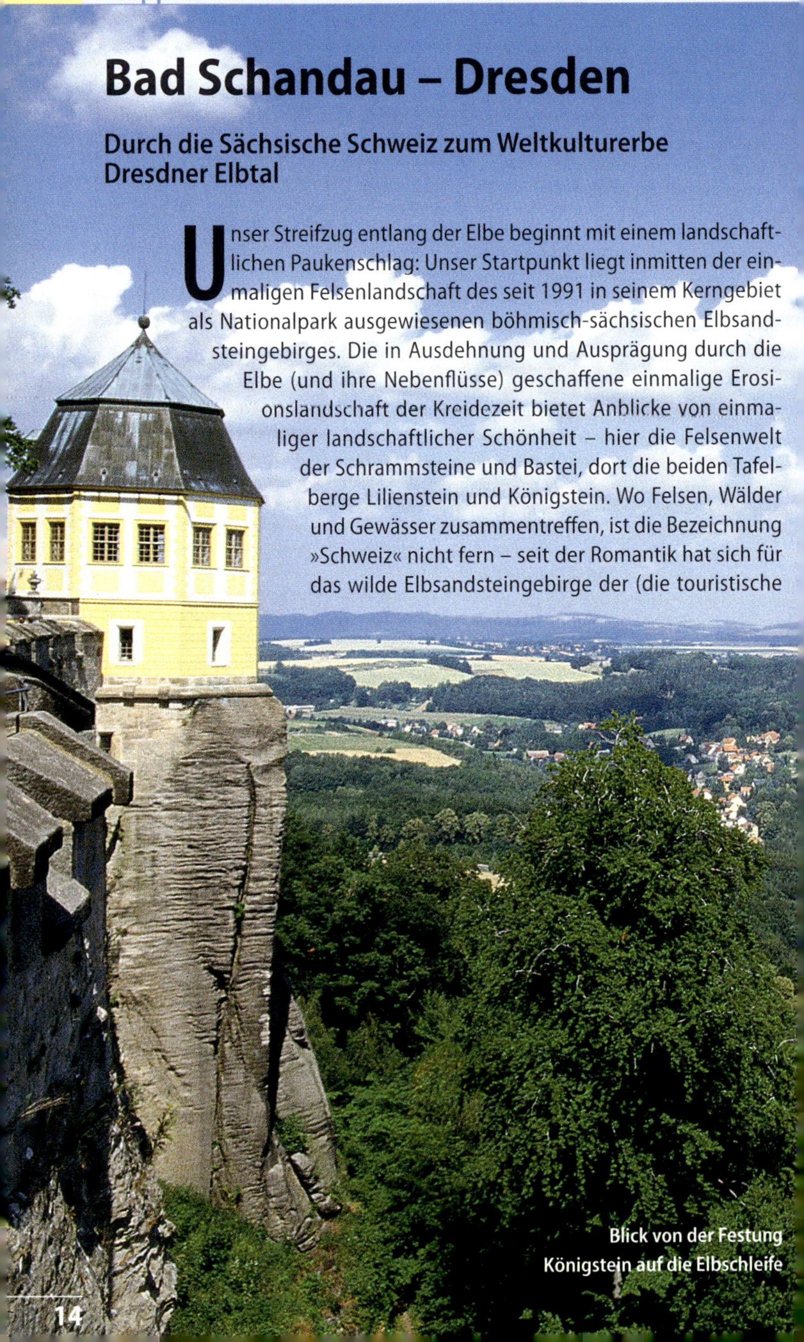

Blick von der Festung Königstein auf die Elbschleife

Entwicklung fördernde) Begriff »Böhmisch-Sächsische Schweiz« durchgesetzt.

Nachdem wir die Sächsische Schweiz verlassen haben, bleibt keine Zeit zum »mentalen« Verschnaufen – in dem inmitten eines Hügel- und Plattenlandes liegenden Dresdner Elbtal werden wir mit Sehenswürdigkeiten geradezu überhäuft. Hier finden sich entlang der Elbe nicht nur felsige Steilhänge, alte Weinberge und ausgedehnte (Auen-)Wiesen, hier reihen sich die Schlösser und Parks der sächsischen Könige, Villen des Bürgertums, Stätten von Kunst und Wissenschaft und nicht zuletzt liegt hier das weltbekannte Barockensemble der sächsischen Metropole Dresden. Wegen der perfekten Harmonie aus Architektur und Landschaft hat die UNESCO das Dresdner Elbtal zum »Welterbe« erklärt.

Nicht zuletzt wegen der Fülle der landschaftlichen und kulturellen Highlights sollten wir die vergleichsweise kurze Startetappe nicht durcheilen und uns mindestens zwei Tage Zeit nehmen. Und wir sollten von Dresden zum Startort Bad Schandau statt mit der S-Bahn mit einem der nostalgischen Raddampfer der »Sächsischen Dampfschifffahrt« anreisen – das dauert zwar erheblich länger, ist aber um ein Vielfaches reizvoller.

Die Etappe auf einen Blick

Streckenlänge	46 Kilometer.
Steigungen	Im Bereich des Elbsandsteingebirges mehrere kurze, deutlich spürbare Anstiege – insgesamt knapp 100 Meter.
Wegbeschaffenheit	Ausschließlich asphaltierte/gepflasterte Rad- und Güterwege sowie verkehrsarme Straßen.
Fähren	Bad Schandau, Königstein, Rathen, Stadt Wehlen, Copitz-Pirna, Birkwitz-Heidenau, Kleinzschachwitz-Pillnitz.
Schiffsverbindung	Mit der »Sächsischen Dampfschifffahrt« von Bad Schandau über Prossen, Königstein, Kurort Rathen, Stadt Wehlen, Pirna, Heidenau, Pillnitz und Blasewitz nach Dresden
Bahnverbindung	Von Bad Schandau über Königstein, Kurort Rathen, Stadt Wehlen und Pirna nach Dresden (S-Bahn).
Sehenswürdigkeiten	Bad Schandau: St. Johannis-Kirche, Personenaufzug, Pflanzengarten, Ostrauer Holzvillen, Kirnitzschtalbahn, Nationalparkhaus Sächsische Schweiz, Museum Bad Schandau, Toskana Therme. Königstein: St. Marien-Kirche, Festung Königstein. Kurort Rathen: Burg Altrathen, Felsenburg Neurathen, Bastei, Felsenbühne, Amselsee. Stadt Wehlen: Marktplatz, Heimatmuseum. Pirna: Altstadt ☆. Großsedlitz: Barockgarten. Dresden: Weinbergkirche und Schloss/Schlossgarten in Pillnitz, »Blaues Wunder« in Blasewitz/Loschwitz, Standseilbahn, Schwebebahn, Schloss Eckberg, Villa Stockhausen und Schloss Albrechtsberg in Loschwitz, Altstadt ☆.
Bademöglichkeiten	Bad Schandau (Toskana Therme), Pötzscha (Freibad), Pirna (Geibeltbad), Pratzschwitz (Naturbad), Dresden (Frei- und Hallenbäder).
Gaststätten außerhalb der größeren Ortschaften (Auswahl)	»NaturFreundehaus Königstein« und Landgasthof »Müller« in Halbestadt, Hotel-Restaurant »Neue Schänke« Festung Königstein; Hotel-Restaurant »Elbparadies« in Pirna-Posta.
Campingplätze	Königstein, Pirna-Copitz, Dresden.

Die auf einem Schwemmlandkegel am Ausgang des Kirnitzschtals Anfang des 14. Jahrhunderts gegründete Siedlung »Sandaue« entwickelte sich bis zum 18. Jahrhundert dank des einträglichen Holz- und Getreidehandels, der über die Elbe abgewickelt wurde, zu einem florierenden Städtchen. Als mit der in der ersten Hälfte des 19. Jahrhunderts einsetzenden Industrialisierung Handel und Handwerk zurückgingen, gewann der Fremdenverkehr an Bedeutung:

Das romantisch verklärte, gebildete Bürgertum fand an der bis dahin gemiedenen Felsenwelt des Elbsandsteingebirges Gefallen und in Schandau einen zentralen Ausgangspunkt für die Entdeckung der reizvollen Natur. Gleichzeitig entwickelte sich um eine bereits 1680 im Kirnitzschtal entdeckte schwefel- und eisenhaltige Quelle ein prosperierender Kurbetrieb. Die Stadt erlangte 1920 den amtlichen Titel »Bad«, heute ist **Bad Schandau** ein »staatlich anerkannter Erholungsort«.

Die bedeutendste Sehenswürdigkeit des Ortes ist die mehrmals umgebaute **St. Johannis-Kirche** ❶ (14./15. Jh.) (*Markt*). Sie birgt einen zweigeschossigen, aus heimischem Sandstein und belgischem Marmor sowie sächsischen Halbedelsteinen gefertigten Renaissancealtar (1574-79), der einst in der Dresdner Kreuzkirche stand. An der Kirchenpforte befinden sich zahlreiche Hochwassermarken – 1845 schwappte Elbwasser über die Kanzelbrüstung. Als technisches Denkmal geschützt ist der freistehende, fünfzig Meter hohe elektrische **Personenaufzug** ❷ (*Rudolf-Sendig-Straße*), der seit 1904 Bad Schandau mit der auf der Ostrauer Scheibe aussichtsreich gelegenen Kolonie prächtiger **Holzvillen** ❸ (1903), die augenscheinlich Schweizer Bergchalets nachempfunden sind, verbindet (Fahrzeiten: Mai-September tägl. 9-19 Uhr, April/Oktober tägl. 9-18 Uhr, November-März Di-So 9-17 Uhr). Am Ostrauer Hang wurde 1900 ein **Pflanzengarten** ❹ (*Badallee*) angelegt, in dem rund 1500 verschiedene Pflanzenarten Einblick in einheimische und ausländische Flora geben. Am Rand des **Kurparks** (1873) befindet sich die Endhaltestelle der 1898 eröffneten **Kirnitzschtalbahn** ❺ (*Kirnitzschtalstraße*) – die »alte Dame«, eine Straßenbahn, folgt der Kirnitzsch durch das wildromantische Tal bis zum Lichtenhainer Wasserfall (Fahrzeiten: April-Oktober 9.30-19 Uhr halbstündlich). Zu den modernsten Naturschutzinformationszentren Deutschlands gehört das **Nationalparkhaus Sächsische Schweiz** ❻ (*Dresdner Straße*), das in abwechslungsreichen Ausstellungen, zahlreichen Erlebnisbereichen und einer Multivisionsshow die Anliegen, Aufgaben und Besonderheiten der Nationalparkregion Sächsische Schweiz thematisiert (Öffnungszeiten: April-Oktober tägl. 9-18 Uhr, November-März Di-So 9-17 Uhr). Über die Stadtgeschichte, den Klettersport und die Entstehung des Elbsandsteingebirges informiert das **Museum Bad Schandau** (*Badallee*) (Öffnungszeiten: Mai-Oktober Di-So 14-17 Uhr, November-April Sa/So 14-17 Uhr). Unbestrittenes Highlight des Schandauer Kurangebotes ist die 2004 eröffnete **Toskana Therme** ❼ (*Rudolf-Sendig-Straße*), die zu den modernsten und variantenreichsten Wellness-Oasen der Republik zählt.

*In **Bad Schandau** trennt die **Elbe** den Ortskern von seinem **Bahnhof** – mit der **Bahnhofsfähre** überwinden wir diese Trennung schnell und reizvoll (Fährzeiten: Mo-Fr 5.30-22 Uhr, Sa/So 7-22 Uhr jeweils halbstündlich). Unweit der **Anlegestelle der Sächsischen Dampfschifffahrt** gelangen wir auf die neu gestaltete, zweieinhalb Kilometer lange **Elbpromenade**.*

Als am 8. Juli 1836 zwölf Dresdner Bürger das Privileg zur Dampfschifffahrt im Königreich Sachsen erhielten und danach die »Elbdampfschifffahrts-Gesellschaft« ins Leben riefen, um der Wirtschaft einen kostengünstigen Transportweg auf dem Wasser zu erschließen, konnten sie nicht ahnen, dass in Zeiten zunehmenden Tourismus bereits um 1900 weniger Holz, Sandstein und Kohle als immer mehr Passagiere transportiert werden sollten. Heute stehen der **Sächsischen Dampfschifffahrt** für den Transport von jährlich über drei Mil-

Blick auf Ort und Festung Königstein

lionen Fahrgästen neun historische Schaufelraddampfer (1879-1929) und vier moderne Motorschiffe (1982-1994) zur Verfügung, die zwischen dem tschechischen Děčin und dem sächsischen Seußlitz auf einer Strecke von einhundert Kilometern verkehren. Ein besonderes Highlight: Alljährlich versammelt sich die älteste und größte Raddampferflotte der Welt am 1. Mai in Dresden zur großen »Dampferparade« (Fahrplanauskunft: Tel. 0351/8660940; Informationen: www.saechsische-dampfschiffahrt.de).

*Am Ende der **Elbpromenade** unterqueren wir die neue **Elbbrücke** (B 172) und gelangen mit der **Elbstraße** nach **Wendischfähre**. Den zu **Rathmannsdorf** gehörenden Ortsteil verlassen wir mit der **Prossener Straße**, unterqueren ein Bahngleis und genießen auf der Fahrt durch **Prossen** eine schöne Sicht auf den **Lilienstein** (415 Meter), einen imposanten Sandstein-Tafelberg. Zwei spürbare Anstiege »würzen« die Querung des bewaldeten Elbhangs, durch den wir die zu **Königstein** gehörende Streusiedlung **Halbestadt** ansteuern. An der Fährstelle bietet der Landgasthof »Müller« von seiner Sonnenterrasse eine reizvolle Sicht auf die sich am gegenüberliegenden Elbufer ausbreitende Stadt und*
6 km *Festung **Königstein** – die Personenfähre vermittelt uns die Zufahrt zu beiden (Fährzeiten: Mo-Fr 4.30-22.50 Uhr, Sa/So 5.30 –22.50 Uhr).*

Die erstmals 1379 urkundlich erwähnte Kleinstadt **Königstein** lebt heute überwiegend vom Tourismus. Die 1720 im Stil des Barock errichtete, nach dem großen Stadtbrand (1810) klassizistisch umgebaute **Stadtkirche St. Marien** ❽ (*Kirchgasse*), eine kursächsische Postmeilensäule (1727) und ein paar hübsche Fachwerkhäuser (meist 18. Jh.) sind einige der wenigen Sehenswürdigkeiten des landschaftlich reizvoll gelegenen Ortes. Das eigentliche Highlight des Städtchens ist die hoch über Königstein gelegene **Festung** – diese lässt der Elberadweg links liegen.

Tipp

Festung Königstein

Auf einem 361 Meter hohen Tafelberg thront 240 Meter über der Elbe die **Festung Königstein** ❾, mit 9,5 Hektar Grundfläche eine der größten Festungsanlagen Europas. Eine um 1200 angelegte, 1241 erstmals urkundlich erwähnte böhmische Königsburg kam Anfang des 15. Jahrhunderts in den Besitz des sächsischen Herrschergeschlechts der Wettiner. Unter Kurfürst Christian I. begann der sich bis zum Ende des 19. Jahrhunderts hinziehende Ausbau zur Landesfestung. Die nie eroberte Festung diente den Wettinern zugleich als Zufluchtsort und zur Unterbringung des Staatsschatzes, der Kunstsammlungen und persönlichen Habe in gefahrvollen Zeiten, als Stätte höfischer Feste, als berüchtigtes Staatsgefängnis (zu den berühmtesten Insassen gehörten Michail Bakunin, August Bebel, Frank Wedekind) und als Kriegsgefangenenlager. Seit 1955 wird die aus über 30 verschiedenartigen Bauwerken bestehende Festung als militärhistorisches Freilichtmuseum geführt. Mehrere Dauer- und Sonderausstellungen informieren über die Festungsgeschichte und die Entwicklung der Waffentechnik (Öffnungszeiten: April-September tägl. 9-20 Uhr, Oktober tägl. 9-18 Uhr, November-März tägl. 9-17 Uhr; Informationen: www.festung-koenigstein.de).

Das gesamte Felsplateau ist von einer 1700 Meter langen Festungsmauer umgeben, von der sich wunderschöne Aussichten auf den Elbbogen und die Sächsische Schweiz bieten – diese allein rechtfertigen den etwas

Uneinnehmbare
Festung Königstein

mühsamen Anstieg auf der mäßig befahrenen Dresdner Straße (B 172) von Königstein bis zum Abzweig Festung und den Weiterweg auf einem gut ausgebauten Sträßchen an der »Neuen Schänke« vorbei bis zum Parkplatz an der Festung (8 Kilometer, 250 Höhenmeter).

*Den **Königstein** zur Linken, den **Lilienstein** zur Rechten – so rollen wir vom Fähranleger mal rechts, mal links neben dem begleitenden Bahngleis durch das sanft geschwungene, abschnittsweise von steilen Felsabbrüchen flankierte Elbtal, suchen in der Siedlung **Strand** selbigen vergeblich und*
13 km *gelangen zum **Fähranleger Oberrathen** (Fahrzeiten: Mo-Fr 4.30-24 Uhr, Sa/So 5.30-24 Uhr).*

Der Kurort Rathen ist von steilen Felsformationen und ausgedehnten Waldflächen umgeben.

Am Fuß der berühmten Basteifelsen, umgeben von steil aufragenden Felsformationen und ausgedehnten Waldflächen liegt der beschauliche **Kurort Rathen**. Der durch die Elbe in zwei Ortsteile geteilte Luftkurort entwickelte sich aus einem 1261 erstmals erwähnten Dorf der Schiffer und Fischer zu einem touristischen Zentrum der Sächsischen Schweiz.

Die Sehenswürdigkeiten (Nieder-)Rathens befinden sich allesamt außerhalb des mit seinen gepflegten Fachwerkhäusern, Villen, Pensionen und Hotels malerischen Zentrums (autofrei!). Auf einem Felsen thront die erstmals 1261 erwähnte **Burg Altrathen** ⑩. Aus den Ruinen der 1469 zerstörten Ritterburg entstand 1895 ein gastronomischer Betrieb. Heute befinden sich in der über den steilen »Basteiweg« erreichbaren »Hexenburg« eine Pension, ein Restaurant und ein Kleinkunsttheater. Eine Etage höher erreicht der »Basteiweg« die Ruine der **Felsenburg Neurathen** ⓫ (270 Meter). Ein Rundweg führt durch die teilweise rekonstruierte Festungsanlage. Von hier bedarf es nur noch eines Katzensprungs zur berühmten **Basteibrücke** und zum **Basteiblick** ⓬ (305 Meter) – so wird die Sightseeingtour allerdings zu einer Bastei-Wandertour. Auf der elbabgewandten Seite der Basteifelsen wurde 1936 im Wehlgrund ein Freilichttheater errichtet. Die **Felsenbühne Rathen** ⓭, die heute 2000 Besuchern Platz bietet, gehört zu den größten und schönsten Freilichtlichtbühnen Europas. Auf dem Spielplan (Mai-September) stehen Theaterstücke der Klassiker, Märchen und Opern, ein Höhepunkt sind seit 1991 die »Rathener Karl-May-Spiele« (Informationen: www.dresden-theater.de). Ein Landschaftsjuwel ist der im Amselgrund aufgestaute 500 Meter lange **Amselsee** ⓮ , der von imposanten (Kletter-)Felsen umgeben ist.

Alternativroute

Rechtselbisch vom Kurort Rathen nach Birkwitz

Vom Fähranleger in **Niederrathen** rollen wir auf einem schattigen Fuß- und Radweg (Vorsicht: viele Spaziergänger!) zur **Stadt Wehlen** (3 Kilometer). Hier können wir mit einer Personenfähre in den Wehlener Ortsteil **Pötzscha** übersetzen (Fährzeiten: Mo-Fr 4.40-23.50 Uhr, Sa/So 5.40-23.50 Uhr) und in die »Hauptroute« einfädeln. Auf einer schmalen Uferstraße fahren wir an der ausgedehnten Straßensiedlung **Posta** (Hotel-Restaurant »Elbparadies«) vorbei nach **Pirna-Copitz**, wo wir mit einer Personenfähre nach **Pirna** übersetzen können (Fährzeiten: Mo-Fr 5-19.20 Uhr, Sa 9-16.50 Uhr, So 11-16.50 Uhr) (11 Kilometer). Nach Unterquerung der Elbbrücke folgen wir der mäßig befahrenen Sächsischen Weinstraße durch **Pratzschwitz** (großes Naturbad) nach **Birkwitz** (16 Kilometer).

*Allein wegen der reizvollen Sicht auf die **Bastei** und die **Weißen Brüche**, ein über 1500 Meter langes, seit 1910 »stillgelegtes« Steinbruchgebiet, setzen wir unsere Fahrt von **Oberrathen** auf der linkselbischen Radwegtrasse fort. In leichtem Auf und Ab kurbeln wir links neben dem Bahngleis durch*
16 km *den bewaldeten Elbhang nach **Pötzscha**, Ortsteil der rechtselbischen **Stadt Wehlen**.*

Mehr Dorf als **Stadt Wehlen** (das ältere **Dorf Wehlen** liegt drei Kilometer entfernt von der Stadt) – der seit 1419 mit den Stadtrechten ausgestattete Ort besitzt einen richtigen **Marktplatz** ⓯, der von hübschen Fachwerkhäusern (18. Jh.), dem Rathaus (1747) und der neugotischen Stadtkirche (1883) umsäumt wird. Von der einst stattlichen, auf einem Felssporn über der Elbe thronenden **Burganlage** (1269) blieben nur Reste der Umfassungsmauer und des Turmes erhalten – vom Burgberg bietet sich ein schöner Blick über die

Blick von der Bastei auf die Elbe und den Kurort Rathen

kleine Stadt. Zum besuchenswerten **Heimatmuseum** ⑯ (Lohmener Straße) gehört ein 1925 angelegter alpiner Pflanzengarten, in dem über 600 Pflanzenarten aus verschiedenen Gebirgsregionen der Welt zu sehen sind (Öffnungszeiten: Mai-Oktober 8-19 Uhr).

*Wenn wir der **Stadt Wehlen** einen Besuch abstatten wollen, rollen wir vor dem **Bahnhof** hinunter zum Anleger der Personenfähre – ansonsten setzen wir unsere Fahrt zunächst links, dann rechts neben dem Bahngleis fort. In **Obervogelsang** lädt – nomen est omen – ein wunderschöner Biergarten zum Verweilen und Schauen ein. Langsam verlieren die am gegenüberliegenden Elbufer aufragenden Felsen der **Sächsischen Schweiz** an Höhe, gleichzeitig zeigen sich in ehemaligen Steinbrüchen die ersten Rebterrassen – wir haben mit der*
24 km *Stadt **Pirna** die östliche Grenze des sächsischen Weinbaugebietes erreicht.*

Zwischen Pirna-Copitz und Diesbar-Seußlitz liegt das kleinste Weinbaugebiet Deutschlands. Fruchtbare Löss- und Granitverwitterungsböden und ein mildes Klima schaffen günstige Voraussetzungen für den **Weinbau im Sächsischen Elbtal**. Bereits vor über 800 Jahren begannen die im Elbtal ansässigen Mönche in größerem Umfang Weinbau zu betreiben. In der Folgezeit vergrößerte sich die Anbaufläche auf 4000 Hektar (15./16. Jh.). Aufgrund der Säkularisierung der Klöster, der Veränderung der Trinkgewohnheiten, einiger frostiger Winter, der Zersiedelung der Hänge durch Errichtung von Villen- und Landhaussiedlungen und nicht zuletzt der Reblauskatastrophe Ende des 19. Jahrhunderts reduzierte sich die Anbaufläche bis auf 110 Hektar (1934). Heute beträgt die Anbaufläche rund 421 Hektar, die durchschnittliche Weinerzeugung 17000 Hektoliter pro Jahr. Seit 1992 führt die **Sächsische Weinstraße** von Pirna-Copitz nach Diesbar-Seußlitz (oder umgekehrt). Rund 50 Weinrestaurants liegen an der 55 Kilometer langen Strecke und es werden immer mehr...

Pirna, das »Tor zur Sächsischen Schweiz«, wurde um 1200 an einer Elbfurt, an der sich zwei bedeutende Handelsstraßen kreuzten, gegründet. Nach der Verleihung des Stadtrechts (um 1291) und Stapelrechts (1325) entwickelte sich der unterhalb einer Burg liegende Ort zu einem der wichtigsten Handels- und Umschlagsplätze an der Oberelbe. Neben dem Handel trug vor allem der Sandsteinabbau zum Wohlstand Pirnas bei, der sich in zahlreichen Bauten eindrucksvoll dokumentierte. Mit dem Dreißigjährigen Krieg war die Blütezeit Pirnas beendet, die (heutige) Altstadt überstand diesen und folgende Kriege jedoch weitgehend unbeschadet. In DDR-Zeiten vernachlässigte Bausubstanz wurde nach der Wende aufwändig restauriert und renoviert – und im August 2002 komplett überflutet. Doch auch dieses Naturereignis hat den Reiz der von Gotik, Renaissance, Barock und Gründerzeit geprägten Pirnaer Altstadt nur kurzzeitig trüben können.

Rathaus in Pirna

Sightseeing: Pirna

Malerischer Mittelpunkt der Altstadt ist der von Bernardo Bellotto (1720-80), gen. Canaletto, gemalte »Marktplatz zu Pirna« (1753), dessen Zentrum das **Rathaus 1** einnimmt. Das erstmals 1386 erwähnte Gebäude vereint aufgrund zahlreicher Umbauten mehrere Baustile: Portale und Fenster sind gotisch, der Giebel stammt aus der Renaissance, der Turm mit einer interessanten Kunstuhr ist barock. Den Markplatz umgeben einige bemerkenswerte Bürgerhäuser. Zu diesen gehören das hochgiebelige **Canalettohaus 2** (um 1525) (*Am Markt 7*), in dem der Maler gewohnt haben soll, und die **Apotheke zum Löwen 3** (1578) (*Nr. 17/18*), die ein ungewöhnliches Sitznischenportal aufweist.

Auch in den Seitengassen der Altstadt stehen zahlreiche sehenswerte Häuser: Das im Stil der Renaissance erbaute **Blechschmidthaus 4** (*Niedere Burgstraße 1*), in dem heute das Hotel »Deutsches Haus« residiert, besitzt ein kunstvolles Portal und im ersten Stock eine einzigartige Balkendecke. Interessant sind weiterhin das Kaufmannshaus mit dem zweigeschossigen **Teufelserker 5** (Anfang 16. Jh.) (*Obere Burgstraße 1*) und das ursprünglich spätgotische, später im Stil des Dresdner Barock umgestaltete **Bürgerhaus 6** (*Lange Straße 10*), das das schönste Barockportal (1730) der Stadt und eine großartig bemalte Holzbalkendecke besitzt. Im **Tetzelhaus 7** (*Schmiedestraße 19*) erblickte der Ablassprediger und Luther-Widersacher Johannes Tetzel (um

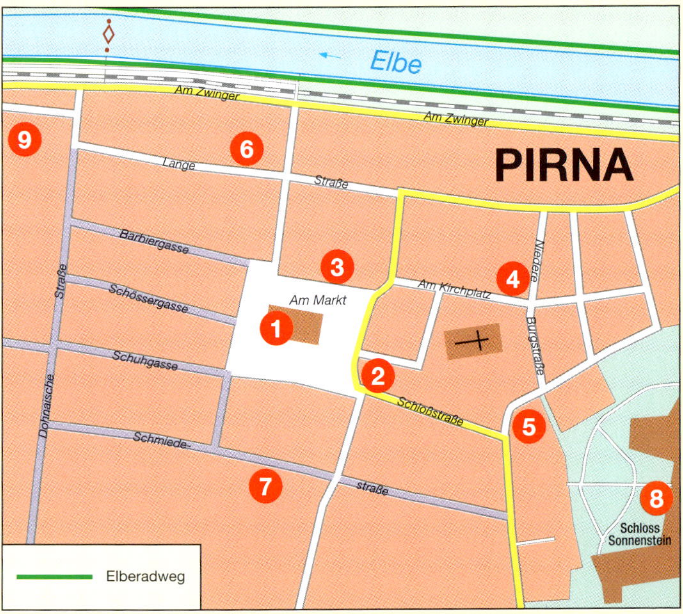

Stadtkirche St. Marien und Canalettohaus

1465-1519) das Licht der Welt. Die restaurierte Bohlenstube (1381) wird heute als Hochzeitszimmer genutzt.

Vom ehemaligen Reichtum der Stadt zeugt die mächtige **Stadtkirche St. Marien** **8** (1502-46) (*Kirchplatz*). Die spätgotische dreischiffige Hallenkirche birgt ein von zwölf Säulen getragenes filigranes Stern- und Netzgewölbe, das in seiner originalen Ausmalung von 1544/46 nahezu erhalten ist. Der zehn Meter hohe manieristische Altar aus Pirnaer Sandstein (um 1610) zählt zu den bedeutendsten Werken der Spätrenaissance. Die figurengeschmückte Kanzel (um 1525) und der reich verzierte Taufstein (1561) zeugen von hoher Steinmetzkunst. Ein Kuriosum: Der fast 60 Meter hohe Turm wurde vor der eigentlichen Kirche erbaut (1466-79). Im Kapitelsaal des ehemaligen **Dominikanerklosters** **9** (um 1300) (*Klosterhof 2/3*) ist seit 1923 das **Stadtmuseum Pirna** untergebracht (Öffnungszeiten: Di-So 10-17 Uhr). Im Innern der zur Klosteranlage gehörenden gotischen **St. Heinrich-Kirche** (um 1300) findet man Reste von Sekkomalereien (14. Jh.).

Auf dem 60 Meter hohen Burgberg, von dem sich eine schöne Sicht auf die Altstadt bietet, wurde nach dem Umbau der aus dem 17. Jahrhundert stammenden Festung Sonnenstein 1811 die »Königlich-Sächsische Heil- und Verpflegungsanstalt Sonnenstein« eröffnet. Diese zeichnete sich durch humane Krankenbehandlung und Frühformen psychotherapeutischer Maßnahmen aus. Während des Zweiten Weltkrieges wurden hier im Rahmen des nationalsozialistischen Euthanasieprogramms über 14000 physisch und psychisch kranke Menschen umgebracht – daran erinnert die **Gedenkstätte Pirna-Sonnenstein** **10** (Öffnungszeiten: Mo-Fr 9-15 Uhr, jeden 1. Sa im Monat 10-15 Uhr).

*Vom **Schiffs- und Fähranleger Pirna** rollen wir auf durchweg guten Radwegen*
30 km *am Elbufer entlang zum **Fähranleger Heidenau** (Fährzeiten: Mo-Fr 4.30-22.50 Uhr, Sa/So 7-22.50 Uhr).*

Tipp Barockgarten Großsedlitz

Auf dem Hochufer über dem Elbtal liegt eine der bedeutendsten Gartenanlagen Deutschlands. Der **Barockgarten Großsedlitz** ⑰ verdankt seine Entstehung vor allem dem sächsischen Kurfürsten August dem Starken. Ein zweites Versailles vor Augen beauftragte er 1723 die Baumeister Daniel Matthäus Pöppelmann und Johann Christoph Knöffel sowie den französischen Gartenarchitekten Zacharias Longuelune mit dem Umbau einer bereits vorhandenen Gartenanlage. Bereits 1732 waren die finanziellen Mittel erschöpft und die hochtrabenden Pläne Makulatur. Doch auch die »unvollendete« Gartenanlage beeindruckt mit ihrer meisterhaften Ausnutzung der Höhenunterschiede der einzelnen Parterres durch großzügige Freitreppen und Terrassen, ihren wertvollen Sandsteinskulpturen (von einst 360 sind leider nur noch 52 erhalten) und Kaskaden. Die **Obere Orangerie** mit Eisbassin und Kaskaden (1719-23), die einhundert Meter lange **Untere Orangerie** (um 1727) und das **Friedrichsschlösschen** (1872-74), das anstelle des 1813 abgebrannten dreiflügeligen Friedrichsschlosses (1720) entstand, fügen sich in die Gartenanlage harmonisch ein (Öffnungszeiten: Mitte März-September tägl. 8-20 Uhr, Oktober tägl. 8-17 Uhr, November tägl. 8-16 Uhr, Dezember-Mitte März Sa/So 8-16 Uhr; Informationen: www.barockgarten-grosssedlitz.de). Vom S-Bahn-Haltepunkt Heidenau-Großsedlitz steigen wir recht steil bergan nach Kleinsedlitz und gelangen von dort mit schöner Aussicht auf das Elbtal nach Großsedlitz (4 Kilometer, 100 Höhenmeter).

Friedrichsschlösschen und Obere Orangerie im Barockgarten Großsedlitz

Alternativroute

Linkselbisch von Heidenau nach Kleinzschachwitz

Wer der **Pillnitzer Schloss- und Gartenanlage** keinen Besuch abstatten möchte, fährt immer in Flussnähe direkt zum Dresdner Ortsteil **Kleinzschachwitz** (4 Kilometer).

*Mit der Personenfähre gelangen wir vom linkselbischen **Heidenau** ins rechtselbische **Birkwitz**. Auf einem mäßig befahrenen Sträßchen passieren wir alsbald die Stadtgrenze von **Dresden**.*

Dresden, seit 1990 Hauptstadt des Freistaates Sachsen, liegt landschaftlich äußerst reizvoll inmitten eines weiten Talkessels der oberen Elbe, der sich zwischen Pirna und Meißen über vierzig Kilometer ausdehnt. Hervorgegangen ist die heutige Elbmetropole aus einer slawischen Siedlung, die im Schutze einer an einem bedeutenden Elbübergang errichteten Burg (nach 1000) zum erstmals 1206 urkundlich erwähnten »Drezdany« heranwuchs. Nach der 1485 erfolgten Leipziger Teilung begann der Ausbau der Stadt zu einer repräsentativen Residenz, die unter Kurfürst Moritz 1547 zur Hauptstadt des Kurfürstentums Sachsen aufstieg. Unter August dem Starken und dessen Sohn Friedrich August II. durchlebte die Stadt zwischen 1694 und 1763 das »Augusteische Zeitalter«, in dem sie sich zu einer der schönsten barocken deutschen Residenzstädte entwickelte und eine ebenso glanzvolle wie verschwenderische Hofhaltung erlebte. Das »Elb-Florenz« wurde zu einer Metropole von europäischem Rang.

Die viel bewunderte Kunst- und Barockstadt erlebte ihre schwärzesten Stunden kurz vor dem Ende des Zweiten Weltkriegs: In der Nacht vom 13. auf den 14. Februar 1945 flogen alliierte Fliegerverbände einen Großangriff auf die militärisch unbedeutende, von Flüchtlingen überfüllte Stadt – es gab mindestens 30000 Tote, 85 Prozent der Altstadt wurden vernichtet. Nach der sinnlosen Zerstörung begannen 1951 der Wiederaufbau der Altstadt und aufwändige, bis heute fortdauernde Restaurierungsarbeiten. Die gewaltige Wiederaufbauleistung war für das Welterbekomitee der UNESCO ein wesentlicher Grund, als es 2004 beschloss, das Dresdner Elbtal wegen seiner perfekten Harmonie aus Architektur und Landschaft zum UNESCO-Welterbe zu erklären – angesichts eines im »politischen Raum« stehenden landschaftsverändernden Brückenneubaus im Dresdner Elbtal ist der Fortbestand der Auszeichnung derzeit leider nicht gesichert.

Dresden ist heute ein Touristenmagnet von internationalem Rang – mehr als acht Millionen Gäste besuchen jährlich die Elbmetropole und leisten einen entscheidenden Beitrag zum Wohlstand der Stadt. Daneben haben es die Stadtväter Dresdens nach der »Wende« verstanden, aus einem Zentrum des alten Industrielandes Sachsen einen führenden High-Tech-Standort in Europa zu machen. Es gelang, prestigeträchtige Unternehmen in die Stadt zu locken. Über 120 Forschungseinrichtungen sind mittlerweile in der Stadt ansässig, rund 27000 Studenten sind an der Technischen Universität sowie weiteren Hochschulen immatrikuliert.

Die ersten Meter auf Dresdner Stadtgebiet führen uns am Ortsteil ***Söbrigen***
33 km *vorbei in das alte Weinbergdorf* ***Pillnitz****. Bevor wir die* ***Pillnitzer Schloss- und Gartenlage*** *ansteuern, sollten wir der idyllisch gelegenen, barocken* ***Weinbergkirche Zum Heiligen Geist*** ⓲ *(1723-27) (Bergweg) einen Besuch abstatten.*

Die Geschichte der **Pillnitzer Schloss- und Gartenanlage** ⓳ reicht bis ins späte Mittelalter zurück. Ein stattliches Renaissanceschloss ging Ende des 17. Jahrhunderts in den Besitz der Wettiner über. August der Starke vermachte es 1707 seiner Mätresse, der Gräfin Cosel, die sich jedoch nur zehn Jahre an beiden erfreuen durfte. Danach ließ August der Starke die Anlage in dem von

Pillnitzer Schloss- und Gartenanlage mit dem Wasserpalais

ihm (und seiner Zeit) bevorzugten »indianischen« (fernöstlichen) Stil zum »Lustschloss für Park- und Wasserfeste« umbauen. Die heutige **Schlossanlage** besteht im Wesentlichen aus drei Teilen: dem **Wasserpalais**, dem **Bergpalais** und dem **Neuen Palais**. Wasserpalais und Bergpalais wurden in spiegelbildlicher Anordnung 1720-23 nach Plänen von Pöppelmann erbaut (die Flügelanbauten entstanden ab 1788), das beide verbindende Neue Palais wurde 1818-30 nach Entwürfen von Christian Friedrich Schuricht anstelle des abgebrannten Renaissanceschlosses errichtet. Berg- und Wasserpalais beherbergen heute das **Kunstgewerbemuseum der Staatlichen Kunstsammlungen Dresden** (Öffnungszeiten: Mai-Oktober tägl. 10-18 Uhr). Die ursprünglich barocke **Parkanlage** erfuhr im Laufe der Zeit zahlreiche Veränderungen und Erweiterungen. Die heutige Parkanlage, ein Paradies für Liebhaber von Gartenkunst und Botanik, besteht aus dem barocken Lustgarten zwischen den drei Palais, dem barocken labyrinthischen Heckengarten, einem Koniferenhain, dem Chinesischen Garten samt Teich und Pavillon (1804), einem Holländischen Garten und dem Englischen Garten samt Pavillon (1784). Eine botanische Rarität ist die 1801 gepflanzte, mittlerweile neun Meter hohe und einen Durchmesser von 11 Metern aufweisende Kamelie (Öffnungszeiten des Kamelienhauses zur Blütezeit: Mitte Februar-Mitte April tägl. 10-17 Uhr). Ältester Parkbau ist der Mittelteil der nach Plänen von Longuelune erbauten **Orangerie** (1730) (Öffnungszeiten: tägl. 5 Uhr bis zum Einbruch der Dämmerung; Informationen: www.schloesser-dresden.de).

Vor dem Wasserpalais liegt mit der **Pillnitzer Insel** eine der letzten großen Elbinseln. Seit 1924 unter Naturschutz gestellt (Betretungsverbot) dient ihr Auenwaldrest 50 verschiedenen Vogelarten als Brutgebiet.

»Blaues Wunder«

*Die weitläufige Schloss- und Parkanlage verlassen durch eine 500 Meter lange Kastanienallee und steuern den **Pillnitzer Fähranleger** an (Fährzeiten: tägl. 5.30-24 Uhr). Im Dresdner Villenvorort **Kleinzschachwitz** gelangen wir auf einen reizvollen Uferweg. Vom jenseitigen Elbufer grüßt die spätgotische **Schifferkirche Maria am Wasser** ⓴ (um 1400). In **Laubegast** zwingt uns die traditionsreiche Schiffswerft zu einer innerörtlichen Umfahrung derselben, ehe wir am malerischen Laubegaster Elbufer unsere Fahrt fortsetzen können. Doch Vorsicht: Auf dem nicht sehr breiten Uferweg ist bis ins Dresdner Zentrum nicht nur an Wochenenden mit einem starken Verkehrsaufkommen zu rechnen – viele Dresdner benutzen das Fahrrad als alltägliches Transportmittel, es wird teilweise*
39 km *sehr schnell und riskant gefahren! Mit dem **»Blauen Wunder«** ㉑ (1891-93) erreichen wir die berühmteste Dresdner Elbbrücke. Als eine der ersten strompfeilerfreien Brücken Europas überspannt die filigrane, sich harmonisch in die Hänge des Elbtals einfügende Eisenkonstruktion mit einer Weite von gut 140 Metern zwischen den Uferpfeilern die Elbe. Die Brücke, die ihren Namen erhielt, als sich der ursprünglich grüne Farbanstrich ins Bläuliche verfärbte, verbindet die beiden Ortsteile **Blasewitz** und **Loschwitz**, beides »sehr gute« Dresdner Wohnadressen, in denen sich großbürgerliche Architektur aus der Zeit um 1900 in ihrer ganzen Stilvielfalt erhalten hat.*

Tipp Loschwitzer Bergbahnen

Auch wenn wir unsere Fahrt auf dem linken Elbufer fortsetzen, so sollten wir über das »Blaue Wunder« nach Loschwitz radeln, wo uns in Elbnähe (Pillnitzer Landstraße) zwei denkmalgeschützte Verkehrsmittel reizvolle Aussichten ermöglichen: Eine der ältesten **Standseilbahnen** 22 (1895) Europas überwindet auf einer Länge von 590 Metern einen Höhenunterschied von 99 Metern. Unweit der Bergstation befindet sich die Gaststätte »Luisenhof«, von deren Terrasse, dem »Balkon Dresdens«, wir einen schönen Blick auf das Elbtal genießen können. Gleiches bietet uns die Aussichtsplattform auf der Loschwitzhöhe, die wir mit der ältesten **Schwebebahn** 23 (1898-1900) der Welt, die auf einer Länge von nur 281 Metern einen Höhenunterschied von 84 Metern überwindet, erreichen können (1 Kilometer).

Eine durchaus »bevorzugte« Lage haben die drei ***Loschwitzer Elbschlösser****, die auf dem gegenüberliegenden Elbhang thronen. Das im Tudorstil für den Großkaufmann John Daniel Souchay erbaute* ***Schloss Eckberg*** *24 (1859-61) wird heute als First-Class-Hotel genutzt. Die* ***Villa Stockhausen*** *25 (1850-52), eine für die Baronin von Stockhausen errichtete spätklassizistische Villa, wurde 1906 vom »Odol«-Fabrikanten Karl August Lingner erworben. Das seitdem auch* ***Schloss Lingner*** *genannte Anwesen dient heute als Tagungsstätte. Das spätklassizistische* ***Schloss Albrechtsberg*** *26 (1850-54) wurde für Prinz Albrecht von Preußen, der nach einer nicht standesgemäßen Heirat aus Preußen verschwinden musste, erbaut. Der imposante Sandsteinbau, der an italienische Renaissancevillen erinnert, ist heute Sitz der Jugendkunstschule Dresden und wird als Kongress- und Veranstaltungsstätte genutzt.*

Am Rand weitläufiger Elbwiesen nähern wir uns zügig der ***Dresdner Altstadt****. Wir unterqueren nacheinander die* ***Albertbrücke*** *und* ***Carolabrücke*** *(von der Brücke schöne Sicht auf die* ***Elbe*** *und die* ***Altstadt****), passieren am* ***Terrassenufer*** *die* ***Anlegestelle der Sächsischen Dampfschifffahrt*** *und gelangen schließlich auf den vor der* ***Augustusbrücke*** *liegenden* ***Schlossplatz****.* 46 km

Sightseeing: Dresden-Altstadt

Zwei Vorbemerkungen: Die nachfolgende Sightseeing-Tour durch das altstädtische Zentrum Dresdens versucht, Appetit auf »mehr Dresden« zu machen. Dresden erschließt sich nicht en passant, wer sich auf Dresden einlässt, braucht viel Zeit. Allein der Besuch der Äußeren Altstadt, der Neustadt mit dem größten zusammenhängenden Gründerzeit-Stadtviertel Deutschlands, der mehr als dreißig Museen und privaten Galerien füllt locker eine Urlaubswoche. Und: Die bei den meisten Gebäuden angegebenen Jahreszahlen beziehen sich in der Regel auf die ursprüngliche Bauzeit – so wie sie sich heute darstellen, sind sie überwiegend nach 1945 entstandene Rekonstruktionen.

Vom **Schlossplatz** gelangen wir über eine monumentale **Freitreppe** (1814) (sorry!), die von der **Figurengruppe »Vier Tageszeiten«** (1868) begrenzt wird, auf die seit 1814 frei zugängliche **Brühlsche Terrasse** ❶. Von dem auf der ehemaligen Uferbastion (1546-51) errichteten »Balkon Europas« bieten sich großartige Aussichten auf die Elbe mit ihren historischen Raddampfern und die Dresdner Neustadt. Auf der von schattigen Baumreihen und zahlreichen Denkmälern aufgelockerten Flaniermeile passieren wir zunächst das im Stil der Neorenaissance erbaute, vierflügelige **Neue Ständehaus** ❷ (1901-06). Im ehemaligen Landtagsgebäude ist heute das Oberlandesgericht untergebracht. Die vergleichsweise zierliche neobarocke **Sekundogenitur** ❸ (1896/97) diente ursprünglich als Ausstellungsgebäude und für die Unterbringung der Königlichen Graphiksammlung, für die traditionsgemäß der zweitgeborene Prinz verantwortlich zeichnete. Inzwischen gehört es zum Fünf-Sterne-Hotel »Hilton Dresden« und beherbergt ein einladendes Café. Im Zentrum der Brühlschen Terrasse steht der monumentale Neorenaissancebau der **Kunstakademie** ❹ (1890-94), heute Hochschule für bildende Künste. Die 48 Meter hohe Glaskuppel des anschließenden Ausstellungsgebäudes, eine »unziemliche Konkurrenz« zur nahen Frauenkirche, wird von den Dresdnern »Zitronenpresse« genannt. Eine Freitreppe führt hinunter zum Georg-Treu-Platz, wo sich neben der Treppe der Zugang zu den 1550 ausgebauten **Kasematten** ❺ der mittelalterlichen Festungsanlagen, die nun innerhalb der Brühlschen Terrasse liegen, befinden. Auf Höhe des einladenden **Brühlschen Gartens** ❻ passieren wir schließlich das **Albertinum** ❼ (1884-87), das durch Umbau des Alten Zeughauses (1559-63) entstand. In dem vierflügeligen Neorenaissancebau sind seit 1953 die **Skulpturensammlung** und die **Galerie Neue Meister** (u.a. Friedrich, Spitzweg, Klimt, Dix) untergebracht (bis voraussichtlich 2009 ist das Museum wegen umfassender Sanierungen geschlossen).

Am Ende des *Brühlschen Gartens* können wir endlich aufsatteln. Der architektonisch interessante Neubau der Dresdner **Synagoge** ❽ (1998-2001), der an der Stelle errichtet wurde, wo am 9. November 1938 die von Gottfried Semper 1839/40 erbaute Synagoge von

Bummelmeile Brühlsche Terrasse – Sekundogenitur, Neues Ständehaus und Hofkirche (v.l.n.r.)

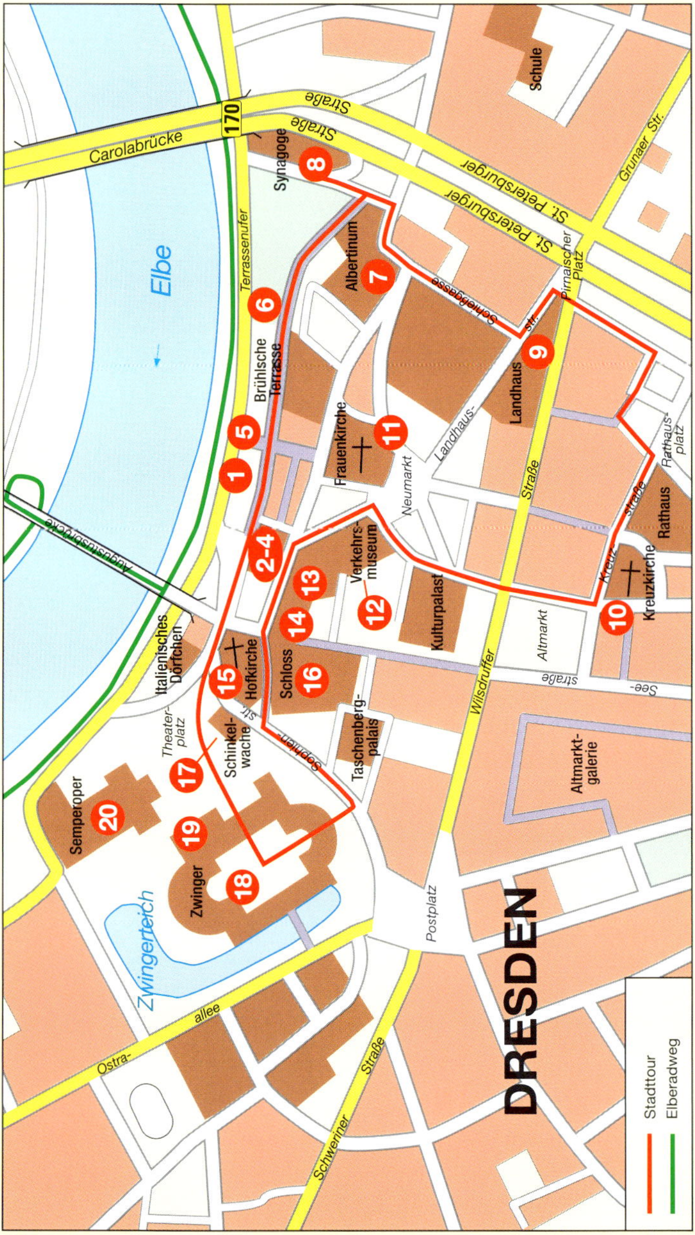
Elbe
Carolabrücke
170
Terrassenufer
Brühlsche Terrasse
Synagoge
Albertinum
Frauenkirche
Neumarkt
Landhaus-
Landhaus
Str.
Schießgasse
St. Petersburger Straße
St. Petersburger Straße
Grunaer Str.
Schule
Pirnaischer Platz
Rathaus-platz
Rathaus
Kreuz-
straße
Kreuzkirche
Altmarkt
See-
straße
Altmarkt-galerie
Wilsdruffer Straße
Kulturpalast
Verkehrs-museum
Schloss
Hofkirche
Augustusbrücke
Italienisches Dörfchen
Theater-platz
Schinkel-wache
Sophien-str.
Taschenberg-palais
Semperoper
Zwinger
Zwingerteich
Ostra-allee
Schweriner Straße
Postplatz
DRESDEN
1
2-4
5
6
7
8
9
10
11
12
13
14
15
16
17
18
19
20
Stadttour
Elberadweg

Blick vom Theaterplatz auf die Hofkirche und das Residenzschloss

NS-Schergen zerstört worden war, lohnt einen kurzen Abstecher nach links hinunter zum *Hasenberg*. Wir setzen unsere Fahrt in der *Schießgasse* fort, passieren die Ruine des im Rokokostil erbauten **Kurländer Palais** (1729), das derzeit wieder aufgebaut wird, rollen am martialisch wirkenden **Polizeipräsidium** (1895-1900) vorbei und kommen nach Überquerung der *Landhausstraße* zum barocken **Alten Landhaus** 9 (1770-75). Die ehemalige Tagungsstätte der sächsischen Landstände beherbergt heute das **Stadtmuseum Dresden** und die **Städtische Galerie Dresden** (Öffnungszeiten: Di-So 10-18 Uhr). Wir überqueren die breite *Wilsdruffer Straße* und gelangen mit der *Ringstraße* zum barock-klassizistischen **Neuen Gewandhaus** (1768-70). In dem ehemaligen Sitz der ständischen Vereinigung der Kaufleute residiert heute das »Radisson SAS Gewandhaus Hotel Dresden«. Vor dem *Rathausplatz* rechtshaltend umrunden wir das Fünf-Sterne-Hotel mit der *Gewandhausstraße*, passieren den rückseitig gelegenen **Barockbrunnen** und stoßen auf die *Kreuzstraße*. Das **Neue Rathaus** (1905-10) ist ein gewaltiger asymmetrischer Bau mit einem Umfang von 467 Metern. Von seinem achteckigen, 98 Meter hohen Turm bietet sich eine schöne Rundsicht (Öffnungszeiten: Mai-Oktober, tägl. 10-18 Uhr). Vor dem Neuen Rathaus rechtshaltend steuern wir die barocke, nach ihrer Rekonstruktion bewusst karg ausgestattete **Kreuzkirche** 10 (1764-92) an. Auch von ihrem 94 Meter hohen Glockenturm bietet sich eine weitreichende Stadtsicht (Öffnungszeiten: Ostern-Oktober Mo-Sa 10-17.30 Uhr, So12-17.30 Uhr, November-Ostern Mo-Sa 10-16 Uhr, So 12-16 Uhr). Über den erstmals 1370 erwähnten **Altmarkt**, dem historischen Zentrum der Bürgerstadt, rollen wir zur *Wilsdruffer Straße*, überqueren diese und folgen der *Galeriestraße* am **Kulturpalast** (1966-69), der zentralen Spielstätte der weltberühmten Dresdner Philharmonie, vorbei zum **Neumarkt**.

Im Zentrum des **Neumarktes**, der bis zu seiner Zerstörung als ein Flächendenkmal bürgerlicher Barockbaukunst von europäischem Rang galt, steht die mit weltweit eingesammelten Spendengeldern wieder aufgebaute, 2005 eingeweihte **Frauenkirche** ⑪ (1726-43). Von der besteigbaren Kuppel des mächtigen barocken Zentralbaus, bei dem Unterbau und Kuppel miteinander verschmelzen, gibt es einen Prachtblick über Dresden (Öffnungszeiten: tägl. 10-13 und 14-18 Uhr). Rechts neben dem Dresdner Wahrzeichen, das als einzige Kirche Deutschlands über eine eigene Tiefgarage verfügt, steht das barocke **Coselpalais** (1744-46), das heute das beliebte »Grand Café« beherbergt.

Ein unscheinbarer Hofeingang führt vom Neumarkt in den **Stallhof** (1586-88). Der von einer offenen Bogenhalle mit 20 toskanischen Säulen gesäumte **Lange Gang** ⑫ verbindet das Residenzschloss mit dem Stallgebäude. Dieses beherbergt seit 1876 das **Johanneum**, ein historisches Museum. Heute ist im **Johanneum** das **Verkehrsmuseum Dresden** untergebracht (Öffnungszeiten: Di-So 10-17 Uhr).

Rechts am Stallhof vorbei rollen wir in die *Augustusstraße*. Der 102 Meter lange **Fürstenzug** ⑬, der die Wettiner Fürsten in ununterbrochener Herrscherreihenfolge von 1123-1904 zeigt, entstand 1872 an der rückseitigen Wand des Stallhofes in Sgraffitotechnik. Das schnell verwitternde Originalbild wurde 1907 auf 25000 Meißner Porzellankacheln übertragen. Am Ende der *Augustusstraße* passieren wir das Schloss und Stallhof verbindende **Georgentor** ⑭, das von 1530 bis 1535 als erstes Renaissancebauwerk in Dresden errichtet wurde, und erreichen die am Rand des *Schlossplatzes* stehende ehemalige katholische **Hofkirche** ⑮ (1738-55). Zu den herausragenden Ausstattungsstücken der 1980 durch vatikanisches Dekret zur Kathedrale Sanctissimae Trinitatis des Bistums Meißen/Dresden erhobenen dreischiffigen Sandsteinbasilika gehören das Hochaltargemälde (1751), die Rokokokanzel (1722) und die Orgel (1755). Der filigrane, teilweise freistehende Turm ragt 85 Meter in den Dresdner Himmel. Gut 16 Meter mehr bietet der in das ehemalige **Residenzschloss** ⑯ integrierte **Hausmannturm** (14. Jh.), von dessen Balustrade man einen schönen Blick über ganz Dresden hat (Öffnungszeiten: April-Oktober Di-So 10-18 Uhr). Der Hausmannturm gehört zum ältesten Baubestand des im Laufe der folgenden Jahrhunderte um mehrere Flügel erweiterten Schlosses. Die zu den bedeutendsten Renaissancebauten auf deutschem Boden gehörende Schlossanlage wird nach ihrer umfassenden Rekonstruktion von der **Staatlichen Kunstsammlung Dresden** genutzt. Unbestrittenes Highlight ist das seit 2006 wieder an seinen ursprünglichen Platz zurückgekehrte **Grüne Gewölbe** (1556), in dem die prächtige Schatzkammer des sächsischen Hofes präsentiert wird (Öffnungszeiten: Mi-Mo 10-19 Uhr). Hinzu kommen das **Kupferstich-Kabinett** und das **Münzkabinett**.

Die Frauenkirche ist das Sinnbild des Dresdner Wiederaufbaus.

Altstadt-Skyline von der Frauenkirche bis zur Hofkirche (v.l.n.r.)

Der Zwinger ist ein Sinnbild des Dresdner Barock

Zwischen Hofkirche und Residenzschloss rollen wir zur *Sophienstraße*. Dieser folgen wir vor der von Karl Friedrich Schinkel erbauten **Altstädter Wache** 17 (1830/31), in der heute die Touristinformation untergebracht ist, nach links. Auf Höhe des **Taschenbergpalais** (1706-11), das seit 1995 als »Kempinski Hotel Taschenbergpalais Dresden« (5 Sterne) genutzt wird, erreichen wir den **Glockenspielpavillon** und schieben durch das frühere »Stadttor« in den Zwinger.

Der **Zwinger** 18 (1710-1728) ist das berühmteste Bauwerk Dresdens und eines der bekanntesten Kunstdenkmäler der Welt. Es wurde vom Architekten Matthäus Daniel Pöppelmann und dem Bildhauer Balthasar Permoser im Auftrag August des Starken geschaffen. Die gesamte Anlage, Sinnbild des Dresdner Barock, besticht nicht durch ihre Größe, sondern durch die vollendete Harmonie der Gesamtanlage. Highlights des Zwingers, der einzig den repräsentativen Bedürfnissen des Bauherren diente, sind das **Kronentor**, das **Nymphenbad**, der **Wallpavillon** sowie der **Glockenspielpavillon**. Im Zwinger sind heute mehrere ehemals kurfürstliche Sammlungen zu besichtigen. Hierzu gehören der **Mathematisch-Physikalische Salon** und die **Porzellansammlung**. So harmonisch die Zwingeranlage heute erscheint, täuscht sie darüber hinweg, dass sie 1728 aus Kostengründen unvollendet geblieben ist. Erst 100 Jahre später hat Gottfried Semper die Elbseite des Zwingers mit der **Gemäldegalerie** (1847-55) geschlossen. In der im Stil der italienischen Hochrenaissance errichteten Anlage sind das **Historische Museum** mit der einmaligen Rüstkammer und die **Gemäldegalerie Alte Meister** 19 (u.a. Raffael, Tizian, Rubens, Rembrandt, van Eyck, Dürer, Holbein d.J.) untergebracht (Öffnungszeiten für alle Zwingersammlungen: Di-So 10-18 Uhr).

Semperoper

Wir verlassen den Zwinger durch das Tor der Gemäldegalerie und gelangen auf den von Semper konzipierten *Theaterplatz*. Mit der im Stil der benachbarten Gemäldegalerie errichteten **Semperoper** ⓴ (1870-78), die ihren Weltruf einer großen Zahl von Ur- und Erstaufführungen (u.a. Richard Strauss) verdankt, setzte ihr Erbauer Maßstäbe für den europäischen Theaterbau. Über den *Theaterplatz* rollen wir zurück zum nahen Schlossplatz (4 Kilometer).

i

Bad Schandauer Kur- und Tourismus GmbH, Markt 12, 01814 Bad Schandau, Tel. 035022/90030, info@bad-schandau.de, www.bad-schandau.de;
Touristinformation, Schreiberberg 2, 01824 Königstein, Tel. 035021/68261, touristinfo@koenigstein-sachsen.de, www.koenigstein-sachsen.de;
Touristinformation, Füllhölzelweg 1, 01824 Kurort Rathen, Tel. 035024/70422, gaesteamt.rathen@t-online.de, www.kurort-rathen.de;
Touristinformation, Markt 7, 01829 Stadt Wehlen, Tel. 035024/70414, touristinfo@stadt-wehlen.de, www.stadt-wehlen.de;
TouristService Pirna, Am Markt 7, 01796 Pirna, Tel. 03501/46570, touristservice@pirna.de, www.pirna.de;
Dresden-Werbung und Tourismus GmbH, Ostra-Allee 11, 01067 Dresden, Tel. 0351/491920, info@dresden-tourist.de, www.dresden-tourist.de.

Dresden – Meißen

Von der sächsischen Landeshauptstadt durch eine reizvolle Weinbergslandschaft zur Wiege Sachsens

Sportlich ambitionierte Radler werden die Fahrt von Dresden nach Meißen eher als »Einrollstrecke« (für eine sofort anschließende längere Etappe) wahrnehmen. Wer sich allerdings auf die vielen landschaftlichen und kulturellen Sehenswürdigkeiten am »Wegesrand« einlässt, der wird die »Kurzetappe« nur mit Mühe an einem Tourentag schaffen: Die weitläufige Weinbergslandschaft in und um Radebeul mit ihren vielen »flüssigen Verlockungen«, das Durchbruchstal der Elbe vor Meißen und nicht zuletzt das geschichtsträchtige, mittelalterliche Meißen sind hochinteressante, aber zeitaufwändige »Programmpunkte«.

Blick auf den Meißener Burgberg

DRESDEN

Die Etappe auf einen Blick

Streckenlänge	31 Kilometer.
Steigungen	Topfeben.
Wegbeschaffenheit	Ausschließlich asphaltierte/gepflasterte Rad- und Güterwege sowie verkehrsarme Straßen.
Fähre	Kötitz-Gauernitz.
Schiffsverbindung	Mit der »Sächsischen Dampfschifffahrt« von Dresden über Radebeul nach Meißen.
Bahnverbindung	Von Dresden über Radebeul und Coswig (Sachsen) nach Meißen (S-Bahn).
Sehenswürdigkeiten	Dresden: Sächsischer Landtag und Yenidze in der Äußeren Altstadt, Windmühle in Gohlis. Radebeul: ☆ Coswig (Sachsen): Alte Peter-Pauls-Kirche. Moritzburg: Schloss(museum), Wildgehege, Fasanenschlösschen, Leuchtturm, Käthe-Kollwitz-Museum, Sächsisches Landgestüt. Brockwitz: Dorfkirche. Sörnewitz: Handwerkerhof, Rote Presse. Boselspitze: Botanischer Garten. Meißen: Altstadt ☆.
Bademöglichkeiten	Radebeul (Freibad, Hallenbad, Badesee), Coswig-Kötitz (Freibad, Badesee), Meißen (Freizeitbad Wellenspiel).
Gaststätten außerhalb der größeren Ortschaften (Auswahl)	Gaststätte »Skopi's Elbgarten« in Coswig-Kötitz, Biergarten »Boselblick« in Sörnewitz, Gasthaus »Boselspitze«.
Campingplatz	Coswig-Kötitz.

Alternativroute

Rechtselbisch von Dresden nach Radebeul

Wer abschnittsweise großstädtischen Verkehr nicht scheut und holprige oder gar nicht vorhandene Radwege akzeptiert, ist auf dieser kürzeren Route gut aufgehoben: Mit der **Augustusbrücke** überqueren wir die Elbe, unterqueren auf einem schönen Uferweg nacheinander die **Augustusbrücke**, die **Marienbrücke** und eine **Eisenbahnbrücke**, gelangen vor einem Hafenbecken mit der **Moritzburger Straße** auf die **Leipziger Straße**, folgen der **Kötzschenbrodaer Straße** (nach Überquerung der **Sternstraße** eigenständiger Radweg bis zur **Lommatzscher Straße**), kommen durch einen gefährlichen Kreisverkehr und unter der **Autobahnbrücke** (A 4) hindurch zum **Riegelplatz**, steuern auf der **Grimmstraße** und **Serkowitzer Straße** den am Elbufer gelegenen **Radebeuler Ortsteil Serkowitz** an und rollen auf einem schönen Uferweg zur **Eisenbahnbrücke Niederwartha** (13 Kilometer).

»Materielle Basis« des Sächsischen Weinlandes

So angenehm »autofrei« wir in das ***Dresdner Zentrum*** *hineingefahren sind, so geht es auch aus diesem hinaus: Vor der* ***Augustusbrücke*** *folgen wir dem* ***Terrassenufer*** *bis zum* ***Bernhard-von-Lindenau-Platz****. Auf der* ***Neuen Terrasse*** *passieren wir nacheinander den im ehemaligen* ***Landesfinanzamt*** *(1928-31) untergebrachten* ***Sächsischen Landtag*** *mit dem neu errichteten* ***Plenarsaal*** **27** *(1991-94), einen monumentalen* ***Speicher*** *(1913), in dem sich unlängst das »MARITIM Hotel Dresden« eingerichtet hat, und das* ***Internationale Congress Center Dresden*** *(1987-2004). Auf dem* ***Ostraufer*** *unterqueren wir die* ***Marienbrücke*** *und eine* ***Eisenbahnbrücke****. Zwischen beiden zeigt sich die an eine große Moschee erinnernde ehemalige* ***Zigarrettenfabrik Yenidze*** **28** *(1907-12). Sie wird heute als Bürohaus genutzt, unter der gläsernen Kuppel ist ein Restaurant eingerichtet. Aus der* ***Pieschener Allee*** *zweigen wir nach wenigen Metern in den* ***Ostra-Sportpark****, bummeln durch das* ***Ostragehege*** *zu einer alten Straßen- und Eisenbahnbrücke, mit der wir den Verbindungskanal zwischen* ***Elbe*** *und* ***Alberthafen*** *(1890-95) überqueren, und unterqueren die* ***Flügelwegbrücke*** *(Vorsicht: vor der Brücke unübersichtlicher Abzweig des Radwegs nach rechts). Unterhalb der Eisenbahntrasse fahren wir am Elbufer entlang, unterqueren die* ***Autobahnbrücke*** *(A 4), radeln durch die weitläufigen Elbwiesen zur schönen* ***Gohliser Windmühle*** **29** 8 km
samt einladendem Biergarten, rollen durch ***Gohlis*** *und folgen dem Elbdeich bis* (54 km)
nach ***Niederwartha****, wo wir mit der* ***Eisenbahnbrücke*** *die* ***Elbe*** *überqueren und* 13 km
gleichzeitig das ***Dresdner Stadtgebiet*** *verlassen. Wer der* ***Stadt Radebeul*** *keinen* (59 km)
Besuch abstatten möchte, setzt seine Fahrt nach links fort – wir folgen dem Radweg nach rechts bis in den ***Radebeuler Ortsteil Serkowitz****.* 18 km
(64 km)

Die an der Sächsischen Weinstraße gelegene Stadt **Radebeul** entstand zwischen 1924 und 1935 durch den Zusammenschluss von zehn Gemeinden, deren Ursprung teilweise bis ins Jahr 1144 zurückreicht. Angesichts seiner Entstehungsgeschichte gibt es in Radebeul kein eigentliches Stadtzentrum. Vielmehr erstreckt sich die wegen ihrer zahlreichen Villen, die sich wohlhabende Dresdner Beamte, Bankiers und Fabrikanten Ende des 19. Jahrhunderts als Sommerhäuser oder Alterswohnsitze errichteten, auch »sächsisches Nizza« genannte Stadt auf einer Länge von acht Kilometern entlang der Elbe und den Weinbergen der Lößnitz.

Sightseeing: Radebeul

Die Erkundung der weit verstreuten Sehenswürdigkeiten ist wegen einiger Anstiege ein zeit- und kraftaufwändiges und angesichts der vielen verlockenden Straußwirtschaften, Weingaststätten und Weinkeller ein durchaus nicht »ungefährliches« Unternehmen.

Hier hat Karl May fernab von Old Shatterhand und Winnetou seine letzte Ruhestätte gefunden

Im **Ortsteil Serkowitz** folgen wir der *Serkowitzer Straße* bis zur *Friedhofsstraße*. Auf dem **Friedhof Radebeul-Ost** befindet sich in einem dorischen **Nike-Tempel** die letzte Ruhestätte von Karl May (1842-1912) und seiner Frau Klara. Der Abenteuerschriftsteller lebte von 1896 bis zu seinem Tod in Radebeul. Mit der *Wasastraße*, der *Pestalozzistraße* und der *Schumannstraße* gelangen wir zu seinem Wohnhaus, der **Villa Shatterhand** ❶ (*Karl-May-Straße*). In diesem befindet sich das von seiner Witwe 1928 eingerichtete **Karl-May-Museum**. Das 1925 im Garten erbaute Blockhaus, die **Villa Bärenfett**, beherbergt das **Indianermuseum Radebeul** (Öffnungszeiten: März-Oktober Di-So 9-18 Uhr, November-Februar Di-So 10-16 Uhr). Mit der *Schildenstraße*, der *Pestalozzistraße* und der *Sidonienstraße* steuern wir den **Bahnhof Radebeul-Ost** an. Hier startet seit 1884 der **Lößnitzdackel** ❷, eine noch heute dampfbetriebene Schmalspurbahn, zu seiner gut einstündigen Fahrt durch den Lößnitzgrund und die Teichlandschaft bei Moritzburg nach Radeburg. Für organisierte Nostalgiefahrten kommen auf der knapp 17 Kilometer langen Strecke auch Traditionszüge zum Einsatz (Informationen: www.loessnitzgrundbahn.de).

Vom **Bahnhof** folgen wir der *Sidonienstraße* zurück zur *Hauptstraße*, verlassen diese nach wenigen Metern mit der *Eduard-Bilz-Straße* und gelangen auf dieser in den **Ortsteil Oberlößnitz**. Im traditionellen Radebeuler Weinbaugebiet finden sich zahlreiche gut erhaltene Weinberghäuser und Wein-

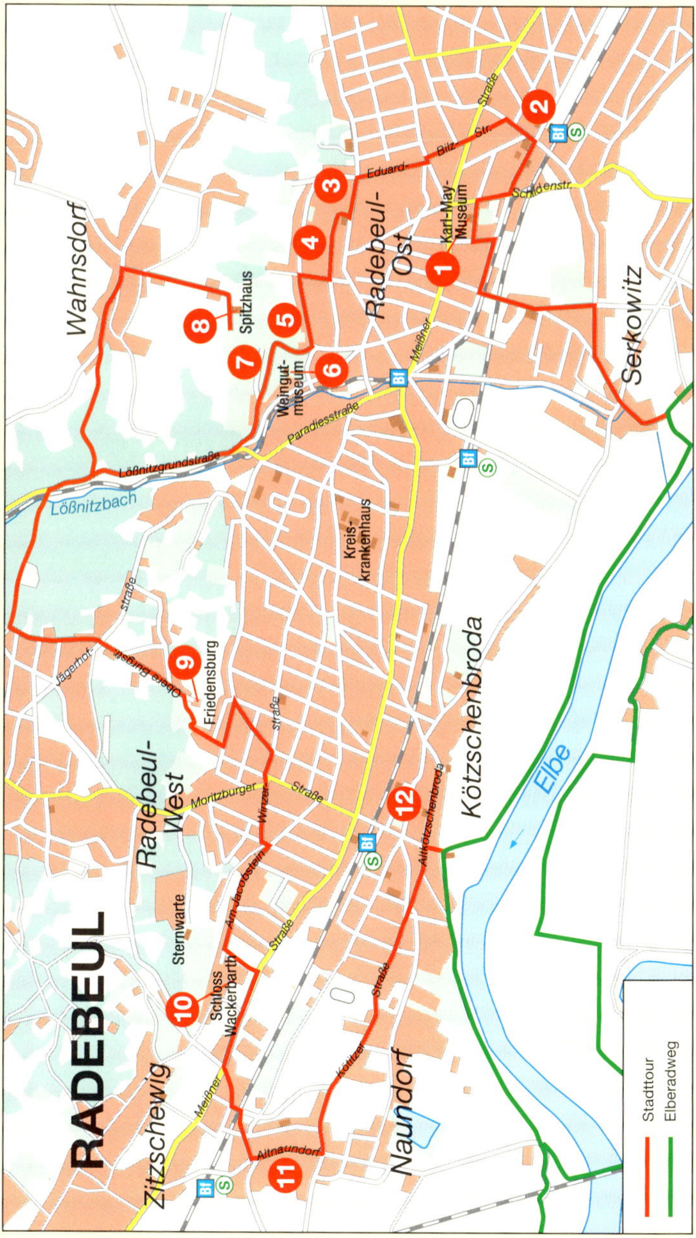
RADEBEUL
Wahnsdorf
Spitzhaus
Radebeul-Ost
Karl-May-Museum
Weingut-museum
Eduard-Bilz-Str.
Meißner Straße
Schildenstr.
Serkowitz
Lößnitzgrundstraße
Lößnitzbach
Paradiesstraße
Kreis-krankenhaus
Kötzschenbroda
Elbe
Jägerhof-straße
Obere Burgstr.
Friedensburg
Radebeul-West
Moritzburger Straße
Winzer-straße
Am Jacobstein
Altkötzschenbroda
Sternwarte
Schloss Wackerbarth
Zitzschewig
Meißner Straße
Naundorf
Kötitzer Straße
Altnaundorf
1
2
3
4
5
6
7
8
9
10
11
12
Bf
S
Stadttour
Elberadweg

Das Bennoschlösschen ist das älteste Weingut-Herrenhaus der Elbtalregion.

bergschlösschen. Zu diesen gehört das zweigeschossige, frühklassizistische **Haus Sorgenfrei** 3 (1783) (*Augustusweg*), das heute als Hotel genutzt wird. In der *Bennostraße* passieren wir das einst den Meißner Bischöfen gehörende **Bennoschlösschen** 4 (um 1600). Der Renaissancebau ist das älteste erhaltene Weingut-Herrenhaus der Elbtalregion. Mit der *Weberstraße* gelangen wir in die *Weinbergstraße*. Das **Haus Lorenz** (17. Jh.), ein gepflegter Fachwerkbau, wird heute nur noch zu Wohnzwecken genutzt. Das benachbarte **Retzsch-Gut** (mit Straußwirtschaft) wie das zum heutigen **Weingut Friedrich Aust** gehörende **Meinholdsche Turmhaus** 5 existieren bereits seit dem 17. Jahrhundert. Aus der *Hoflößnitzstraße* zweigen wir in den *Knohllweg*. Das auf einem seit 1401 bestehenden Weingut errichtete **Schloss Hoflößnitz** 6 (um 1650) besitzt eine reiche Innenausstattung, zu deren kostbarsten Exponaten 80 Deckengemälde gehören. In dem äußerlich einem Winzerhof ähnelnden Bau befindet sich heute die Stiftung **Weingutmuseum Hoflößnitz** (Öffnungszeiten: Di-Fr 14-18 Uhr, Sa/So 10-18 Uhr). Zurück in der *Hoflößnitzstraße* passieren wir bergwärts die von Pöppelmann entworfene **Himmelsleiter** 7 (1747-50). Die 390-stufige Treppe führt durch den Weinberg hinauf zum **Spitzhaus** 8 (1622). Wir nähern uns dem 1896 zur Gaststätte umgebauten ehemaligen

Weingut Schloss Hoflößnitz

Weinberg- und Lusthaus vom **Ortsteil Wahnsdorf** aus. Dazu folgen wir der *Hoflößnitzstraße* bis zur *Lößnitzgrundstraße*, zweigen nach rechts in den sehr steilen *Dorfgrund* und gelangen von der Straße *Altwahnsdorf* in die *Spitzhausstraße*. Von der Terrasse des beliebten Ausflugslokals bietet sich eine großartige Aussicht auf Radebeul, Dresden, die linkselbischen Täler und bei guter

Sicht bis ins Erzgebirge und in die Sächsische Schweiz.

Zurück zur *Lößnitzgrundstraße* folgen wir dieser bergwärts bis zum *Meiereiweg* (geradeaus geht es auf dem *Moritzburg-Lößnitzgrund-Radweg* nach Moritzburg). Die besondere Attraktion des idyllisch im Wald gelegenen **Bilz-Bades** ist die erste Wellenmaschine (1912) der Welt. Aus dem *Buchholzweg* gelangen wir in die *Obere Burgstraße*. Die aussichtsreich gelegene **Friedensburg** **9**, ein ehemaliges Weinberghaus (17. Jh.), wurde 1869 zu einer gastronomischen Einrichtung umgebaut. Nach einer wechselvollen Besitzergeschichte wurde das einst beliebte Ausflugslokal 2006 neu eröffnet. Sehr vorsichtig rollen wir auf einem steilen Fuß- und Radweg hinab zur ebenfalls steilen *Burgstraße* (schöne Aussicht!). Im **Ortsteil Niederlößnitz** folgen wir der *Oberen Bergstraße* nach links, zweigen nach rechts in die *Horst-Vieth-Straße*, lenken nach rechts in die *Winzerstraße*, rollen durch die Straße *Am Jakobstein* und gelangen mit der *Wackerbarthstraße* zum **Schloss Wackerbarths Ruh** **10** (1727-29). Das zweigeschossige, ursprünglich barocke Palais, das dem Reichsgrafen August Christoph von Wackerbarth als Altersruhesitz diente, erhielt seinen historisierenden Neorenaissancestil im 19. Jahrhundert. Über der terrassenartigen, barocken Gartenanlage thront das **Belvedere**, ein kleiner achteckiger Gartenpavillon. Die Schlossanlage ist seit 1991 Sitz des **Sächsischen Staatsweingutes Schloss Wackerbarth**. Eine gläserne Wein- und Sektmanufaktur (Führungen mit Verkostungen täglich 14 Uhr (Weintour) und 17 Uhr (Sekttour)) sowie eine moderne Vinothek laden zum Besuch ein.

Der *Meißner Straße* folgen wir bis zur *Mittleren Johannisbergstraße*, unterqueren an deren Ende die Bahngleise und gelangen mit der *Johannisberg-*

Über der barocken Gartenanlage von Schloss Wackerbarths Ruh thront das Belvedere.

straße zum reizvollen **Dorfanger** ⓫ von **Naundorf**, dem ältesten Ortsteil Radebeuls. Auf der *Kötitzer Straße* radeln wir zum **Ortsteil Kötzschenbroda**. Der **Dorfanger Altkötzschenbroda** ⓬ präsentiert sich nach seiner Sanierung als eine beliebte Flaniermeile, an der in den letzten Jahren zahlreiche originelle Kneipen mit Gewölbekellern, Feinschmeckerlokale, Cafés, Weinhandlungen, Szeneclubs, Galerien, Ateliers und Schauwerkstätten eröffnet wurden. Für die zahlreichen Kunstschaffenden, die zur Zeit in Radebeul leben, und Kunstfreunde gehört die in einem historischen Dreiseithof untergebrachte **Stadtgalerie Radebeul** (Nr. 21) zu den wichtigsten Anlaufpunkten (Öffnungszeiten: Di-Do und Sa/So 14-18 Uhr). Wie intensiv auch immer wir die verlockenden Angebote der »sündigen« Meile annehmen – irgendwann werden wir unsere Reise auf dem Elberadweg fortsetzen wollen: *An der Festwiese* können wir wieder in den Radweg einfädeln (15 Kilometer, 150 Höhenmeter).

Schloss Moritzburg

19 km (65 km) 22 km (68 km) *Zurück an der **Eisenbahnbrücke Niederwartha** begleiten wir die **Elbe** auf einem breiten Radweg, genießen die Ausblicke auf die sich am gegenüberliegenden Ufer erhebenden bewaldeten Berghänge und gelangen zum **Fähranleger Coswig-Kötitz** (Fährzeiten: Mo-Fr 5-20 Uhr, Sa/So 11-18 Uhr), wo ein origineller wie vorbildlicher Wasserspender zur Rast einlädt.*

In dem erst 1939 zur Stadt ernannten ehemaligen Winzerort **Coswig (Sachsen)** lohnt vor allem die spätgotische **Alte Peter-Pauls-Kirche** ㉚ (15. Jh.) (*Ravensburger Platz*) einen Besuch. Sie birgt neben reich bemalten Emporen und einer wunderschönen, hölzernen Kassettendecke eine der ältesten noch bespielbaren Orgeln (um 1620) Sachsens.

Tipp

Moritzburg

Inmitten des Landschaftsschutzgebietes der Moritzburger Teiche liegt das hübsche Dorf **Moritzburg**. Das erstmals 1305 als »Eisenberg« erwähnte Waldhufendorf erhielt erst 1934 seinen heutigen Namen nach dem berühmten Jagdschloss der sächsischen Herrscher. Wie viele andere der Region entstand auch das heutige **Schloss Moritzburg** ㉛ (1723-36)

zu Zeiten August des Starken und seines Sohnes Friedrich August II. nach Plänen von Pöppelmann. Das inmitten des 1730 angelegten Schlossteichs auf einer Insel gründende mächtige Barockschloss birgt vier Prunksäle und mehr als 200, einst prächtig ausgestattete Zimmer. Die in den Farben des sächsischen Barock – ocker und weiß – gehaltene Moritzburg wird seit 1947 als **Barockmuseum** genutzt (Öffnungszeiten: Mai-Oktober tägl. 10-17.30 Uhr, April Di-So 10-17.30 Uhr, März/November Di-So 10-16.30 Uhr – halbstündliche Rundgänge).

Wesentlich ausgedehnter als der nach französischem Vorbild gestaltete **Schlosspark** (um 1730) ist der schlosseigene **Waldpark**. In diesem befindet sich ein seit dem 16. Jahrhundert bestehendes **Wildgehege** (32) (Öffnungszeiten: März-Oktober tägl. 10-18 Uhr, November/Dezember tägl. 9-16 Uhr, Januar/Februar Sa/So 9-16 Uhr – Fütterung tägl. 14.30 Uhr). Am Rand des Waldparks ließ sich Friedrich August III. das in seinen Ausmaßen bescheiden anmutende **Fasanenschlösschen** (33) (1769-82) als Sommerwohnsitz errichten. Heute beherbergt der zweigeschossige Bau eine der heimischen Vogelwelt gewidmete ornithologische Schausammlung (Öffnungszeiten: Mai-Oktober tägl. 10-18 Uhr). Den benachbarten Großteich nutzte die sächsische Hofgesellschaft für theatralische Seeschlachten, vom kleinen Hafen mit maritimem **Leuchtturm** (34) (um 1780) startete man zu Kahnpartien.

Auch wenn die meisten Besucher nur den weitläufigen Schlosskomplex zum Ziel haben – es lohnt sich, auch im Dorf **Moritzburg** zu verweilen: Die von den Nationalsozialisten verfolgte Malerin, Graphikerin und Bildhauerin Käthe Kollwitz (1867-1945) verbrachte hier ihre letzten Lebensjahre. Im **Rüdenhof**, ihrem Wohnsitz, wurde das **Käthe-Kollwitz-Museum** (35) (*Meißner Straße*) eingerichtet (Öffnungszeiten: April-Oktober Mo-Fr 11-17 Uhr, Sa/So 10-17 Uhr, im Winter verkürzte Öffnungszeiten). Das 1828 eröffnete **Sächsische Landgestüt Moritzburg** (36) (*Schlossallee*) hat sich vor allem der Zucht der in Deutschland seltenen Oldenburger verschrieben. Den Abschluss der alljährlich im September (erster bis dritter Sonntag) veranstalteten Hengstparade bildet die Fahrt eines von sechzehn Hengsten gezogenen Gespanns - selbst die englische Königin kann nur mit einem Vierzehnerzug aufwarten.

Der als *Moritzburg-Lößnitzgrund-Radweg* vorzüglich ausgeschilderte Weg führt vom Fähranleger Coswig-Kötitz durch Coswig (Sachsen), den Friedewald und am Dippelsdorfer Teich entlang nach Moritzburg und entschädigt mit großartigen Landschaftsbildern für geringe Anstiegsmühen

Fasanenschlösschen

(15 Kilometer, 100 Höhenmeter). Für die Rückfahrt bieten sich drei Alternativen an: Entweder auf dem Hinweg zurück (30 Kilometer) oder vom Dippelsdorfer Teich auf dem *Moritzburg-Lößnitzgrund-Radweg* durch den Luftkurort Friedewald zum Haltepunkt Radebeul-Weißes Roß und von dort zurück zum Fähranleger Coswig-Kötitz (36 Kilometer) oder mit dem »Lößnitzdackel« durch das Lößnitztal zum Haltepunkt Radebeul-Weißes Roß und weiter wie vor (26 Kilometer).

Die unter Naturschutz gestellte ***Gauernitzer Elb(halb)insel*** *zur Linken, den* ***Badesee Coswig-Kötitz*** *zur Rechten – so gelangen wir in die weite Elbaue. Die bald sichtbare barocke* ***Brockwitzer Dorfkirche*** ㊲ *(1737) birgt wertvolle Malereien an Kanzel, Empore und Loge. Im benachbarten Pfarrhaus (1768) ist eine Ausstellung historischer bäuerlicher und handwerklicher Arbeitsgeräte zu besichtigen. Auf dem gegenüberliegenden Elbhang thront auf einem bewaldeten Felsvorsprung* ***Schloss Scharfenberg****, das zu den ältesten Burganlagen Sachsens zählt (vermutlich um 940). Am Fuß der weithin sichtbaren* ***Boselspitze****, höchste Erhebung des kleinen* ***Spaargebirges****, liegt das alte Weindorf* ***Sörnewitz****.* 27 km
In einem restaurierten Dreiseithof (1898) ist ein ***Handwerkerhof mit Schauwerkstatt*** ㊳ *untergebracht (Öffnungszeiten: Mo-Fr 8-16 Uhr), der einladende Biergarten »Boselblick« hält, was er verspricht.* (73 km)

Tipp

Boselspitze

Allein die beeindruckende Aussicht über das Elbtal lohnt den etwas mühsamen Aufstieg auf die **Boselspitze** ㊴ (182 Meter). Neben dem Aussichtsrondell befindet sich seit 1908 ein kleiner Pflanzengarten. Der **Boselgarten** ㊵ zeigt etwa 850 verschiedene Pflanzenarten des sächsischen Elbhügellandes, von denen etwa 200 auf der Roten Liste Sachsens stehen (Öffnungszeiten: April bis September Mi 9-17 Uhr, Sa/So 10-17 Uhr). Von Sörnewitz folgen wir dem Boselweg auf die Boselspitze (6 Kilometer, 90 Höhenmeter).

Auf Höhe des ***Spaargebirges*** *beginnt das* ***Durchbruchtal der Elbe****, die Flussaue ist nun erheblich schmaler. Am Fuß des stellenweise steil zum Elbufer abbrechenden Kleinstgebirges passieren wir die* ***Rote Presse*** ㊶*, ein um 1740 erbautes, 1895 im Stil des Neobarock umgebautes ehemaliges Weingut, und gelangen an Weinbergen entlang auf einem schönen Uferweg zur* ***Meißner Altstadtbrücke****.* 31 km (77 km)

Meißen, die Wiege Sachsens, verdankt seine Gründung dem deutschen Kaiser Heinrich I., der hier während seines Heerzuges gegen die Slawen 929 nahe einer Elbfurt auf einem sich über der Elbe erhebenden Felsplateau die Burg »Misni« anlegen ließ. Unterhalb der 968 zum Bischofssitz erhobenen

Burg entstand zum Ende des 10. Jahrhunderts eine erste Siedlung, die um 1205 unter Markgraf Dietrich planmäßig zur Stadt ausgebaut wurde. Seit 1125 war die Markgrafschaft Meißen im Besitz der Wettiner, die den prosperierenden Ort zu ihrer Residenz machten. Prächtige Hofhaltung und kulturelle Entfaltung prägte ihren Herrschaftsstil. Markgraf Otto der Reiche übereignete – nomen est omen – 1161 einen im Ertrag stehenden Weinberg an ein Kloster, womit der »professionalisierte« Weinanbau in Meißen (und damit im Sächsischen Elbland) seinen Anfang nahm. Mit der 1485 erfolgten Leipziger Landesteilung, der Verlegung der sächsischen Residenz nach Dresden, und der 1581 im Zuge der Durchsetzung der Reformation erfolgten Aufhebung des Bistums verlor Meißen seine wichtige politische Bedeutung. Nach dem Dreißigjährigen Krieg, in dem der Ort von den Schweden 1637 zur Hälfte zerstört wurde, verfiel Meißen in eine längere Stagnation. Erst als August der Starke 1710 seine kurz zuvor gegründete Porzellanmanufaktur

Vor dem Spaargebirge begleitet ein sehr komfortabler Radweg die Elbe.

vom Dresdner Schloss in die (leerstehende) Albrechtsburg verlegte, hinter deren dicken Mauern ihm die Bewahrung des Geheimnisses der Porzellanherstellung sicher schien, erholten sich Handwerk und Gewerbe, der Name der Stadt wurde zur Marke, die bald in der ganzen Welt berühmt werden sollte: »Meissner Porzellan«.

Im Unterschied zur Mehrzahl der sächsischen Städte blieb Meißen im Zweiten Weltkrieg von Zerstörungen verschont. Auch wenn zwischen 1945 und 1989 aufgrund der in der DDR vorherrschenden Traditionsfeindlichkeit viel verfiel, so hat sich der mittelalterliche Charakter der aus Burgberg und Unterstadt bestehenden Altstadt bis heute erhalten. Das 32 Hektar große, aus etwa 1500 schützenswerten Einzelgebäuden bestehende architektonische Flächendenkmal ist seit 1990 Pilotprojekt für städtebaulichen Denkmalschutz – vom Erfolg des (nicht ganz billigen) Projektes kann sich überzeugen, wer die historische Altstadt aufsucht.

Blick von der Boselspitze auf Sörnewitz und das Elbtal

Sightseeing: Meißen

Eine Vorbemerkung: In der Meißener Altstadt gibt es zahlreiche Treppenwege. Was durchaus idyllisch anmutet, ist für Radtouristen eher beschwerlich und wird auf unserer Sightseeingtour umfahren.

Von der **Altstadtbrücke** folgen wir der *Bahnhofstraße* und zweigen vor dem **Hauptbahnhof** nach rechts in die *Dresdner Straße*. Über die parallel zur **Eisenbahnbrücke** laufende **Fußgängerbrücke** steuern wir die am linken Elbufer liegende **Altstadt** an. Aus der *Obergasse* zweigen wir nach links in die Straße *Neumarkt*. An ihrem Ende steht die romanische **Nikolaikirche** **1** (um 1100). Zwischen 1921 und 1929 wurde sie zu einer Gedenkstätte für die Opfer des Ersten Weltkrieges umgestaltet und mit großen Porzellanfiguren ausgestattet (Öffnungszeiten: Mai-September Di-Do und So 14-16 Uhr). Zur Produktionsstätte der Figuren ist es nur ein Katzensprung: Mit der *Kerstingstraße* überqueren wir die Triebisch und gelangen auf der *Talstraße* nach links zu der 1863 von der **Albrechtsburg** hierher umgezogenen **Staatlichen Porzellan-Manufaktur Meißen** **2**. In der **Schauhalle** (1912-15) werden über 3000 Exponate aus der gut 20000 Stücke umfassenden Modellsammlung gezeigt, welche die Entwicklung des Meißener Porzellans in Form und Dekor von 1710 bis heute veranschaulichen. In der angeschlossenen **Schauwerkstatt** kann man die Entstehung eines Porzellanstücks verfolgen (Öffnungszeiten: Mai-Oktober tägl. 9-18 Uhr, November bis April tägl. 9-17 Uhr). Angesichts

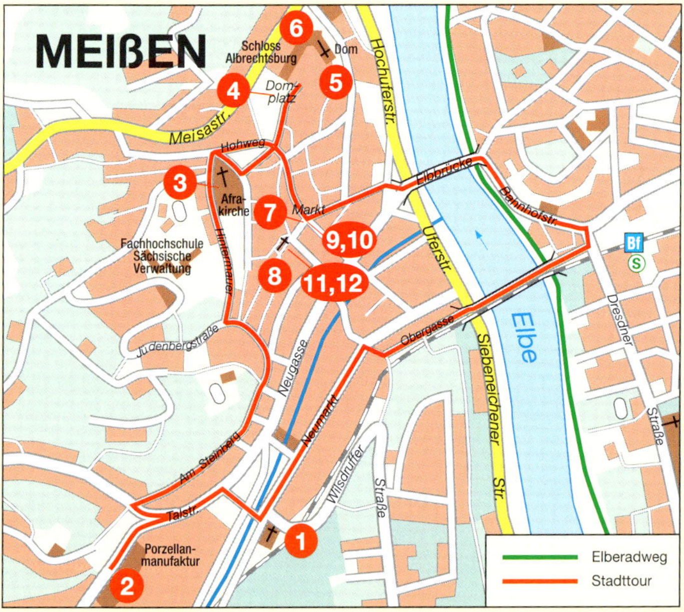

Auf dem Meißener Burgberg drängen sich das Bischofsschloss, der Dom und die Albrechtsburg (v.l.n.r.).

der (wirtschaftlichen) Erfolgsgeschichte der Porzellan-Manufaktur müsste der Gesichtsausdruck des Erfinders des »Weißen Goldes«, Johann Friedrich Böttger (1682-1719), dem zu Ehren vor dem Hauptgebäude eine bronzene Porträtbüste (1891) aufgestellt wurde, durchaus freundlicher sein.

Von der *Talstraße* zweigen wir nach links in die *Rauhentalstraße*, verlassen diese nach wenigen Metern nach rechts, passieren auf der Straße *Am Steinberg* einen **Historischen Weinberg** (Öffnungszeiten: Mo-Fr 9-15 Uhr), zweigen aus der *Görnischen Gasse* nach links in die *Jüdenbergstraße* und steuern durch den gepflasterten Weg *Hintermauer* die auf dem **Afraberg** liegenden baulichen Hinterlassenschaften des 1205 gegründeten, 1539/40 säkularisierten **Augustiner-Chorherrenstifts St. Afra** an. Aus der Gasse *Freiheit* gelangen wir in den ehemaligen **Klosterhof**. Den heutigen Sitz der Evangelischen Akademie Meißen dominiert das ursprünglich gotische, später im Barockstil umgestaltete ehemalige **Propsteigebäude**. Der restaurierte **Kreuzgang** (15. Jh.) schließt an die **Kirche St. Afra** 3 an. Die aus einem Vorgängerbau (1064) um 1300 entstandene dreischiffige gotische Basilika birgt im Innern schöne Kreuzrippengewölbe, frühbarock sind der Schnitzaltar (um 1660) und die Kanzel (1657).

Vor dem **Jahnaischen Freihof** (um 1600), der mit dem **Löwen-Portal** (1610) das schönste Renaissance-Portal der Stadt besitzt, regelt eine Ampelanlage den Zugang zum **Burgberg**. Mit großartiger Sicht auf **Burgberg** und

Über die zinnenbewehrte Schlossbrücke und durch das Mittlere Torhaus geht es Domplatz.

Unterstadt rollen wir durch das gotische **Vordere Burgtor**, passieren mit dem sechsstöckigen **Burglehnhaus** (um 1550) das größte Wohnhaus von Alt-Meißen, überqueren die zinnenbewehrte **Schlossbrücke** (1221-27), eine der ältesten großen Steinbogenbrücken im osteuropäischen Raum, und gelangen durch das gotische **Torhaus** (auch: **Mittleres Burgtor)**, in dem das **Stadtmuseum** 1997 eine Ausstellung zu Wohnkultur und Kunstschaffen des Biedermeier eingerichtet hat (Öffnungszeiten: Ostern-Oktober tägl. 11-17 Uhr), auf den *Domplatz*. Damit wir bei dem in seiner heutigen Form im Wesentlichen im 15. und 16. Jahrhundert entstandenen Burgbergensemble nicht vor der geballten Ansammlung von Sehenswürdigkeiten den Überblick verlieren, schauen wir immer nur nach »rechts«: Der **Burgkeller** 4 (Hausnummer 11), der einstige Sitz des Burggrafen, beherbergt heute ein gleichnamiges Hotel, von dessen mit Kastanien bestandener Gartenterrasse sich ein traumhaft schöner Blick auf die Unterstadt bietet – der »Balkon von Meißen« ist auch von

der Schlossbrücke zugänglich. Von den anschließenden **Domherrenhäusern** sind insbesondere die älteste, seit dem 15. Jahrhundert betriebene **Gaststätte** Meißens, der heutige »Domkeller« (Nr. 9), die ehemalige **Dompropstei** (1497-1507) (Nr.7), heute Sitz des Hochstifts Meißen, und die ehemalige **Domdechantei** (1526) (Nr. 5) zu beachten. Das ehemalige **Bischofsschloss** (1476-1518) (Nr.3) ist ein vergleichsweise schlichter Bau, der über einen markanten, aus dem Komplex der Burgbergbebauung hervorspringenden (Bischofs-)Turm verfügt. Von der **Aussichtsterrasse** neben dem seit 1856 als Gerichtsgebäude genutzten Schloss bietet sich ein weitreichender Blick auf das Meißener Land mit seinen ausgedehnten Weinbergen. Mit dem Bau des die Stadtsilhouette beherrschenden **Doms** 5, der zu den stilreinsten gotischen Domen Deutschlands zählt, wurde um 1260 begonnen, die erste Bauphase zog sich bis 1410 hin. Aus dieser Zeit stammen das Langhaus, der einschiffige Chor, die achteckige Johanniskapelle, der prächtige Kapitelsaal, der Kreuzgang, die Westtürme (1413 eingestürzt) samt Westportal und der Südostturm (»Höckriger Turm«). Die dem imposanten Westwerk des Doms vorgelagerte Fürstenkapelle, seit 1428 Grablege der Wettiner, entstand 1425, die angefügte Sakristei 1504 und die kleine Georgskapelle 1530-40. Die beiden 87 Meter hohen Westtürme erhielt der Dom erst 1903-08. Die Ausstattung des Doms gehört zum Feinsten, was sächsische Kirchen zu bieten haben. Besonders hervorzuheben sind die um 1260 geschaffenen Stifterfiguren, ein Tiptychon (1534) von Lucas Cranach d.Ä., der Laienaltar (1526), das Chorgestühl (1529/30) und zahlreiche Grabdenkmäler. Die heutige **Albrechtsburg** 6 (Nr.1), die ihren Namen erst 1676 erhielt, wurde zwischen 1471 und 1525 erbaut. Sie gehört heute zu den wenigen unverfälscht erhaltenen spätgotischen Profanbauten Deutschlands:

Marktplatzensemble

Sie diente nie als Wohnschloss, war nach der Leipziger Teilung eigentlich überflüssig und blieb dadurch von Umbauten verschont. Die zwischen 1710 und 1863 erfolgte Nutzung als zunächst »Königlich-Sächsische«, später »Staatliche-Porzellan-Manufaktur« fügte dem Bauwerk schweren Schaden zu. Im Rahmen der 1875-85 erfolgten Instandsetzung erhielten die meisten Räume eine Ausmalung und Möblierung im Stil des Historismus. Seit 1881 ist die Albrechtsburg als **Museum** öffentlich zugänglich (Öffnungszeiten: März-Oktober tägl. 10-18 Uhr, November-Februar tägl. 10-17 Uhr), das gemütliche »Schlosscafé« lädt zum Verweilen in historischen Gewölben ein (Öffnungszeiten: Mai-Oktober). Ein Blick auf das ehemalige **Kornhaus** (um 1470) und wir verlassen den *Domplatz* auf dem Hinweg und begeben uns in die **Unterstadt**.

Dem *Hohlweg* folgen wir unter der Schlossbrücke hindurch bis zu einem kleinen Platz. Im Café Zieger können wir die Bekanntschaft mit einer Meißner Spezialität machen: Hier wird der »Fummel« hergestellt, eine mit Luft gefüllte, zerbrechliche Teigtasche von der Größe eines Zwei-Pfund-Brotes! Wohlgefüllt (oder auch nicht) rollen wir durch die *Burgstraße*, die von zahlreichen restaurierten Renaissance-Handwerker- und Bürgerhäusern gesäumt wird, und gelangen zum *Markt*. Die »gute Stube« der um 1150 planmäßig angelegten Bürgerstadt hat sich von allen sächsischen Marktplätzen am reinsten ihr mittelalterliches Aussehen bewahrt. Die beiden dominierenden Bauwerke des Platzes sind das Rathaus und die Frauenkirche. Das schlichte spätgotische **Rathaus** 7 (1472-81) fällt vor allem durch sein steiles, durch drei auf-

Der stilreine gotische Dom beherrscht den Burgberg.

gesetzte Zwerchhäuser unterbrochenes Dach auf, das sieben Meter höher als die gesamte Fassade ist. Die erstmals 1205 erwähnte, in ihrer heutigen Form 1457 erbaute spätgotische **Frauenkirche** ❽ birgt einen bemerkenswerten Schnitzaltar (um 1480). Vom Umgang des Turmes, in dem sich seit 1920 das erste stimmbare Porzellanglockenspiel der Welt (6.30, 8.30, 11.30, 14.30, 17.30 und 20.30 Uhr) befindet, bietet sich aus einer Höhe von 57 Metern einer der schönsten Aussichten auf die Unterstadt und den Burgberg (Öffnungszeiten: Mai-Oktober tägl. 10-12 und 13-17 Uhr). Zu den bemerkenswerten Bürgerhäusern am Markt gehören die **Marktapotheke** ❾ (1561) (Nr.4), ein Renaissance-Haus mit Volutengiebeln, und das **Bennohaus** ❿ (um 1600) (Nr.9), das über ein schönes Renaissance-Portal verfügt. An dem hinter der Frauenkirche liegenden malerischen Platz *An der Frauenkirche* (ehemaliger Stadtfriedhof) wartet in einem Fachwerkhaus (17. Jh.) die traditionsreiche **Weingaststätte Vincenz Richter** ⓫ mit eigenen Weinen und sächsischen Gerichten auf. Allein die historische Inneneinrichtung samt Folterkammer ist einen Besuch wert. Das **Bahrmannsche Brauhaus** ⓬ (1569-73) gilt mit seinem figurenbekrönten Volutengiebel und dem prächtigen Portal als das repräsentativste Renaissance-Bürgerhaus in Meißen.

Wir verlassen den *Markt* mit der *Elbstraße*. Den hübschen *Heinrichsplatz* ziert die Nachbildung eines mittelalterlichen Marktbrunnens, die Brunnenfigur stellt König Heinrich I. dar. Hinter dem Stadtgründer steht die gotische **Franziskaner-Klosterkirche** (1457-1500) des 1258 gegründeten Klosters. Die dreischiffige Hallenkirche wurde nach der Säkularisierung als Schule, Speicher, Manufakturgebäude und Turnhalle genutzt. Seit 1901 beherbergt sie das **Stadtmuseum** (Öffnungszeiten: tägl. 10-17 Uhr). Einen Blick sollten wir auf die neben dem Museumseingang angebrachten Wasserstandsmarken bedeutender Elbfluten von 1501 bis 2002 werfen... Durch die (hoffentlich trockene) *Elbstraße* radeln wir zurück zur **Altstadtbrücke** (3 Kilometer).

i

Tourist-Information, Meißner Straße 152, 01445 Radebeul, Tel. 0351/19433, tourismus@radebeul.de, www.radebeul.de;
Tourist-Information, Schlossallee 3B, 01468 Moritzburg, Tel. 035207/8540, Moritzburg-Touristinfo@t-online.de, www.moritzburg.de;
Touristinformation, Karrasstraße 2, 01640 Coswig, Tel. 03523/66330, stadt@coswig.de, www.coswig.de;
Tourist-Information, Markt 3, 01662 Meißen, Tel. 03521/41940 oder 419419, service@touristinfo-meissen.de, www.touristinfo-meissen.de.

Die Weingaststätte Vincenz Richter lohnt einen Besuch.

Meißen – Torgau

Durch das Meißner Granitmassiv in das Norddeutsche Tiefland

Kaum hat die Elbe das Meißner Granitmassiv durchbrochen, kann sie sich im Norddeutschen Tiefland richtig »austoben« – Flussschlingen, Altwässer, Flutrinnen, Auenwaldreste, Auenwiesen und wechselnde Sedimentablagerungen im Auenbereich sind nun typische Erscheinungen. Dem nicht immer folgenlosen »Freiheitsdrang« der Elbe begegnet der Mensch mit Hochwasserschutzdeichen, aber auch mit Flussbegradigungen und Buhnen sowie mit der Erschließung von Grünländereien im Überflutungsbereich.

Elbfähre bei Belgern

Haben wir die Elbe in der Sächsischen Schweiz und im Mittelgebirgsvorland ufernah begleiten können, so zwingen im Norddeutschen Tiefland vor allem die Hochwasserschutzbauten und Überschwemmungsflächen zu einer meist flussfernen Routenführung. Im Norddeutschen Tiefland bewegen wir uns überwiegend in landwirtschaftlich genutzten Gebieten, Wiesen und Äcker bestimmen das Landschaftsbild – kein geeigneter »Nährboden« für kulturelle Sehenswürdigkeiten im »Kilometer-Takt«. Wo die Elbe behäbig fließt – das Gefälle beträgt im Mittel siebzehn Zentimeter pro Kilometer – kommen auch wir »mental« zur Ruhe.

Die Etappe auf einen Blick

Streckenlänge	75 Kilometer.
Steigungen	Ein Mini-Anstieg.
Wegbeschaffenheit	Bis auf einen kurzen geschotterten Radweg ausschließlich asphaltierte/gepflasterte Rad-, Deich- und Güterwege sowie verkehrsarme Straßen.
Fähren	Kleinzadel-Niedermuschütz, Seußlitz-Niederlommatzsch, Lorenzkirch-Strehla, Mühlberg (bis 2007), Belgern.
Schiffsverbindung	Mit der »Sächsischen Dampfschifffahrt« von Meißen über Diesbar nach Seußlitz.
Bahnverbindung	Von Meißen über Coswig/Dresden und Elsterwerda-Biehla nach Torgau, von Meißen über Coswig/Dresden nach Riesa, von Riesa über Elsterwerda und Elsterwerda-Biehla nach Torgau.
Sehenswürdigkeiten	Meißen: Schloss Proschwitz. Diesbar-Seußlitz: Schloss, Schlosspark, Heinrichsburg, Luisenburg. Riesa: Kloster, »Elbquelle«, Nudelmuseum. Strehla: Schloss, Rathaus, Postmeilensäule, Stadtkirche Corporis Christi, Elbedenkmal. Mühlberg: Altstadt ☆. Belgern: Rathaus, Roland, Rolandpark, St. Bartholomäus-Kirche, Klosterhof, Oschatzer Tor, Postmeilensäule. Torgau: Altstadt ☆.
Bademöglichkeiten	Riesa (Hallenbad, Freibad), Strehla (Erlebnisbad), Belgern (Naturbad), Torgau (Freibad, Hallenbad).
Gaststätten außerhalb der größeren Ortschaften (Auswahl)	»Weinterrasse Kämpfe«, Hotel-Restaurant »Knorre« und »Weinstube 1. Weinkönigin« in Meißen-Winkwitz, Gasthaus »Am Heimatmuseum«, Restaurant »Zum Zuessenhaus« und Gastwirtschaft »Zum Korbmacher« in Kleinzadel, Landhotel »Elbklause« in Niederlommatzsch, Eiscafé »Richter« in Merschwitz, Hotel »Moritz an der Elbe« in Moritz, Gaststätte »Rittergut Dröschkau«, Landgasthof »Zur Elbaue« in Weßnig.
Campingplätze	Strehla, Mühlberg, Torgau.

Alternativroute

Linkselbisch von Meißen nach Riesa

Der »Hauptroute« durchaus ebenbürtig folgen wir auf einem meist abgesetzten Radweg der B 6 nach **Zehren** (hübsche Dorfkirche), können am Ortsausgang mit einer Gierfähre nach **Kleinzadel** übersetzen (Fährzeiten: März-Oktober Mo-Fr 7-19 Uhr, Sa/So 9.30-19 Uhr) (8 Kilometer), überwinden einen Höhenrücken im Auslauf des **Göhrischbergs** und gelangen an der Siedlung **Hebelei** (Elbepark Hebelei) vorbei nach **Niederlommatzsch**, wo wir vor dem aussichtsreich gelegenen Landhotel »Elbklause« mit einer Fähre nach **Seußlitz** übersetzen können (Fährzeiten: Mo-Fr 5.30-19 Uhr, Sa/So 9.30-20 Uhr) (14 Kilometer). Am Elbufer rollen wir an **Neuhirschstein** (Schloss Hirschstein) und **Althirschstein** entlang nach **Boritz**. Der elbfernen und radweglosen Kreisstraße folgen wir durch **Schänitz** und **Leutewitz** nach **Riesa** (29 Kilometer).

*Ein letzter (Pracht-)Blick auf das imposante **Meißener Burgberg-Ensemble** und wir gelangen am Elbufer zu der am Fuß eines uralten Weinbergs entlangführenden **Elbtalstraße (Sächsische Weinstraße)**.*

Tipp

Schloss Proschwitz

Auf den Höhen des Proschwitzer Weinbergs, den die Bischöfe von Meißen vor über 800 Jahren anlegen ließen, steht das **Barockschloss Proschwitz** ㊷ (1732, Umbauten 1882 und 1912/13). Der aufwändig restaurierte Sitz des ältesten und größten Privatweinguts Ostdeutschlands liegt in einer öffentlich zugänglichen französischen Parkanlage (18. Jh.). Das seit 1990 (wieder) im Besitz der Familie des Prinzen zur Lippe befindliche Weingut lässt sich von der Meißener *Elbtalstraße* entweder zu Fuß auf dem *Sächsischen Weinwanderweg* sehr reizvoll über die 1662 angelegten 200 »Katzenstufen« (Aussicht!) oder mit dem Rad durch den waldigen Knorrgrund erreichen (2/4 Kilometer).

*In wechselndem Abstand begleiten wir die **Sächsische Weinstraße** im Grund des engen Durchbruchstal. Von einer felsigen Anhöhe grüßt die Dorfkirche von **Zadel**, in dem der Weinbau ab 1218 belegt ist. In dem im Talgrund liegenden Straßendorf **Kleinzadel** locken mehrere Gaststätten zur aussichtsreichen Einkehr, auf einem ehemaligen Steinbruchgelände befindet sich ein putziges **Heimatmuseum** (Öffnungszeiten: April-Oktober So 10-17 Uhr). Hinter **Nieschütz** zwängt sich die Elbe in einer großen Schleife durch die Felsmassive des **Göhrischbergs**, auf dem sich in der Bronzezeit eine Wallanlage befand, und des **Granitmassivs von Diesbar-Seußlitz**, auf dessen Plateau die größte urgeschichtliche Befestigungsanlage Sachsens entdeckt wurde.* 8 km (85 km)

Eine Perle unter den Weindörfern des Sächsischen Elblands ist das in einer malerischen Talmulde gelegene **Seußlitz**. Das sanierungsbedürftige **Barockschloss** ㊸ (1722-33) samt Gutsbereich und integrierter **Schlosskirche** gründet auf den Mauern eines Klarissinnenklosters (1268-1541). Der frei zugängliche, zur Zeit ungepflegte **Schlosspark** besteht aus einem französischen Barockgarten, einem Wirtschaftsgarten (ehemaliger Klostergarten) und einem englischen Landschaftspark, der in das angrenzende Naturschutzgebiet Seußlitzer Grund übergeht. Einen Prachtblick auf die Schlossanlage und

Auf einer felsigen Anhöhe thront das Weindorf Zadel.

das Elbtal bietet sich sowohl von dem auf sechs Hangterrassen thronenden, schlichten zweigeschossigen Gartenhaus, der **Heinrichsburg** 44 (1728), als auch von dem im Schlossweinberg erbauten barocken Winzerhaus, der **Luisenburg** 45 (1725).

13 km (90 km) *Mit **Seußlitz-Diesbar** verlassen wir das nördlichste Weinbaugebiet des **Sächsischen Elblands**. Ein Blick über die **Elbe** auf das auf einem 25 Meter hohen Felsvorsprung stehende **Renaissance-Schloss Hirschstein** (Ende 15. Jh., danach mehrere Umbauten) und wir haben das **Norddeutsche Tiefland** erreicht – weitläufiges Acker- und Weideland bestimmt nun das Landschaftsbild in der Elbaue. Auf qualitativ unterschiedlichen Wegen rollen wir nun an den Dörfern*

Blick von der Heinrichsburg auf das Schloss Seußlitz und die Luisenburg

***Merschwitz** und **Leckwitz**, der Industriesiedlung **Nünchritz**, seit fast 100 Jahren Standort einer großen Chemiefabrik, und den Siedlungen **Gohlis** und **Moritz** vorbei bis zu den **Elbbrücken** von **Riesa**.* 27 km (104 km)

»Elbquelle«

Die heutige Kreisstadt **Riesa** ist aus einem 1119 gegründeten Benediktinerkloster hervorgegangen. Das zu erheblichem Reichtum gelangte Kloster wurde im Zuge der Reformation 1542 aufgelöst. Jahrhundertelang blieb Riesa danach ein wirtschaftlich unbedeutender Marktflecken. Nach Eröffnung der ersten deutschen Ferneisenbahnlinie von Leipzig nach Dresden (1839), die bei Riesa die Elbe überquerte, erlebte die Stadt einen rasanten industriellen Aufschwung, der das Bild der Stadt nachhaltig veränderte. »Stahl-Riesa« – nach dem Zweiten Weltkrieg wurde die Stadt zu einem bedeutenden Zentrum der Schwerindustrie, in dem bis zu 12000 Menschen Stahl produzierten. Nach der Wende erwies sich die einst stolze Schwerindustrie als nicht wettbewerbs- und überlebensfähig – innerhalb von vier Jahren wurde das Stahlwerksgelände »saniert«, sprich: platt gemacht. In der sich im Umbruch befindenden Stadt gibt es nur wenige touristische Sehenswürdigkeiten: Das aus dem romanischen **Klosterbau** 1874 hervorgegangene **Rathaus** **46** (*Rathausplatz*) birgt den klösterlichen Kapitelsaal (um 1440), der eindrucksvolle Kreuzgewölbe und Malereien aufweist (Öffnungszeiten: Mo-Do 7.30-18 Uhr, Fr 7.30-16 Uhr, Sa 8.30-12 Uhr). In der einschiffigen gotischen **Klosterkirche St. Marien** (1244-61) sind einige mumifizierte Leichname aufgebahrt, im ehemaligen Klostergarten ist ein **Heimtiergarten** eingerichtet. Das kann kein deutscher Ort an der Elbe bieten: Mitten in der Stadt befindet sich die **»Elbquelle«** **47** (*Berliner Straße*). Die kahlen Wintereichen aus den Gemälden Caspar David Friedrichs dienten Jörg Immendorff 1995 als Vorbild für seine 25 Meter hohe gusseiserne Eiche. »Volle Nudelkraft voraus !« heißt es auf dem Weg zu dem außerhalb des Stadtzentrums gelegenen **Nudelcenter der Teigwaren Riesa GmbH** **48** (*Merzdorfer Straße*). Die seit 1914 bestehende Teigwarenfabrik bittet zum Besuch der **Gläsernen Produktion** (Führungen Mo-Fr 9-16 Uhr nach telefonischer Anmeldung unter 03525/720355), des Nudelrestaurants »Makkaroni« und des **1. Deutschen Nudelmuseums** (Öffnungszeiten: Mo-Fr 9-18 Uhr, Sa/So 12-18 Uhr).

Vom Fassadenschmuck darf man nicht auf die politischen Machtverhältnisse im Riesaer Rathaus schließen.

Alternativroute

Linkselbisch von Riesa nach Plotha
Einzig die bessere Wegqualität spricht für die überwiegend elbferne Trasse durch (auf Dauer eintöniges) Acker- und Weideland. Von **Riesa** folgen wir der B 182 auf begleitendem Radweg bis zum **Fähranleger Strehla** (8 Kilometer), rollen abseits des Ortes am reizvollen Elbufer entlang nach **Gohlis** und fahren auf einem »Schlingerkurs« um die B 182 durch die wenig aufregenden Dörfer **Lößnig**, **Paußnitz**, **Schirmenitz**, **Aussig** und **Seydewitz** nach **Plotha** (25 Kilometer).

Mit aufgefülltem Kohlehydratspeicher begeben wir uns auf einen wenig spektakulären Dörferbummel
35 km *entlang der **Elbe**. Von **Lorenzkirch** lohnt*
(112 km) *ein kurzer Abstecher zu der am jenseitigen Elbufer liegenden Kleinstadt **Strehla** (Fährzeiten: Mo-Fr 6-20 Uhr, Sa/So 9-20 Uhr).*

Das weithin sichtbare **Schloss Strehla** (49) (15./16. Jh.) ist aus einer von König Heinrich I. auf dem steilen Fels über der Elbe zum Schutz des Elbübergangs eines alten Handelsweges, der »Hohen Straße«, errichteten wehrhaften Burg (928) hervorgegangen. Die dreiflügelige Renaissanceanlage ist in einen weitläufigen Park eingebettet, von dessen oberer Terrasse sich schöne Ausblicke auf die Elbauenlandschaft bieten. Die »gute Stube« des beschaulichen Ackerbürgerstädtchens ist der große Marktplatz, auf dem eine kursächsische **Postmeilensäule** (50) (1729) steht. Herausragendes Gebäude des barocken Marktensembles ist das wohlproportionierte **Rathaus** (51) (1756). Die dreischiffige spätgotische **Stadtkirche Corporis Christi** (52) *(Pfarrweg)* birgt die deutschlandweit einzige Kanzel aus Ton (1565), die merkwürdige Altaranlage (1605) ist eine bedeutende Arbeit des Manierismus. An der Fährstelle steht das an die erste Begegnung russischer und amerikanischer Truppen am 25. April 1945 erinnernde **Elbedenkmal** (53) (1993). Entgegen der weit verbreiteten Meinung gab es hier und nicht im elbabwärts liegenden Torgau das erste Aufeinandertreffen der alliierten Truppen.

Schloss Strehla

Der nun meist elbferne Dörferbummel durch ***Cottewitz, Kreinitz*** *und* ***Borschütz*** *führt uns ins brandenburgische* ***Mühlberg****.*

48 km (125 km)

Mühlbergs Anfänge liegen mitten in der Elbe: eine Furt, eine Wasserburg und zwei Inseln, auf der einen die Altstadt, auf der anderen die Neustadt, dazwischen Wälle und Gräben. Obwohl seit 1346 rechtlich vereint, wuchs die Doppelstadt erst zusammen, als im 16. Jahrhundert die Gräben bebaut wurden. Als die Elbe 1853 ein neues Bett erhielt, lag die Stadt auf dem Trockenen. Ihr blieb nur der Altarm und ein neuer Hafen. Gleichzeitig verschwanden die im Strom fest verankerten Schiffsmühlen, denen die Stadt ihren Namen verdankt. Überwiegend im 18. und 19. Jahrhundert entstandene Wohnhäuser, die noch Teile spätmittelalterlicher Vorgängerbauten aufweisen, sowie zahlreiche historische Baudenkmäler – in Mühlberg lohnt es sich, einmal genauer hinzuschauen.

Sightseeing: Mühlberg

Das dominierende Bauwerk der Altstadt ist das 1228 gegründete **Zisterzienser Nonnenkloster Marienstern**. Auch wenn die ursprünglichen Klostergebäude nach der im 16. Jahrhundert erfolgten Auflösung des Klosters teils umgebaut, teils abgetragen worden sind, zeigt sich das Kloster als geschlossene Anlage, die den Status eines besonderen nationalen Kulturdenkmals besitzt. Die **Klosterkirche** ❶ (13. Jh.), ein einschiffiger kreuzförmiger Backsteinbau mit prachtvoller Westfassade (15. Jh.), wird heute als Konzerthalle genutzt – bis auf die sehenswerten Grabdenkmäler sind die älteren Ausstattungsstücke entfernt worden. Zu den ältesten erhaltenen Klostergebäuden gehören das **Refektorium** ❷ (13./14. Jh.), die **Alte Abtei mit Nonnengang** ❸ (um 1500), die 1717 zum Herrenhaus umgebaut wurde, und das **Hospiz** ❹ (15./16.Jh.) (alle *Güldenstern*). In der **Propstei** ❺ (1531) (*Klosterstraße*), deren reicher Zierrippengiebel und Wand- und Deckenmalereien aus der Entstehungszeit des Gebäudes besondere Beachtung verdienen, ist seit 1926 das **Stadtmuseum** untergebracht (Öffnungszeiten: Mai-September Mo-Fr 10-12 und 13-17 Uhr, Sa/So 13-17 Uhr, Oktober/April Mo-Fr 10-12 und 13-17 Uhr, Sa/So 13-16 Uhr). Zu den profanen Hinguckern der Altstadt gehören die **Löwenapotheke** ❻ (um 1700) (*Altstädter Markt*), die **Gaststätte Hamburger Hof** ❼ (16. Jh.) (Ecke *Lindenstraße/Herrenstraße*), die vermutlich ursprüng-

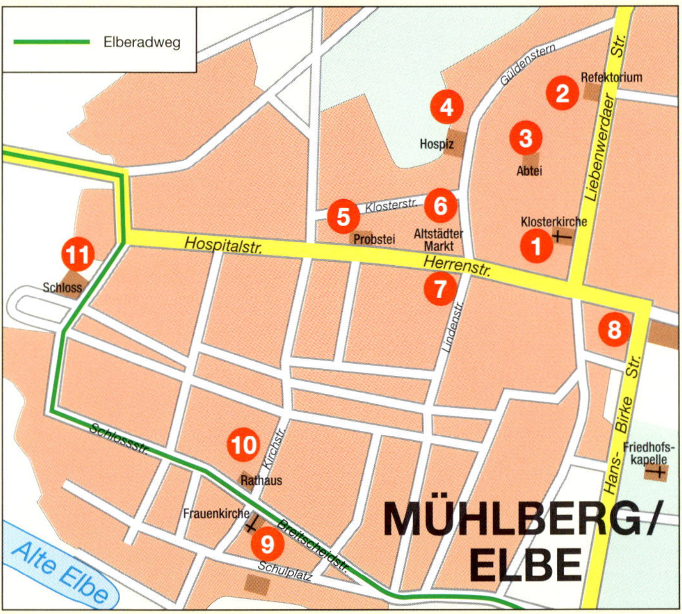

Klosterkirche

lich das Rathaus der Altstadt beherbergte, und die kursächsische **Postmeilensäule** 8 (1730) (*Bahnhofstraße*).

Die **Neustädter Frauenkirche** 9 (1487-1535) (*Schulplatz*), eine langgestreckte Saalkirche mit mächtigem Westturm, birgt einen spätgotischen Schnitzaltar. Das **Rathaus** 10 (1543-49) (*Neustädter Markt*) besitzt gotische Maßwerkstaffelgiebel.

Weder Alt- noch Neustadt – auf den Grundmauern einer erstmals 1272 erwähnten, an einer ehemaligen Elbschleife gelegenen Wasserburg gründet das nach dem Stadtbrand von 1545 errichtete **Schloss** 11 (*Schlossweg*). Im Ostflügel der sanierungsbedürftigen schlichten Vierflügelanlage befindet sich eine im Kern spätgotische Kapelle.

Bis 2007 mit einer Gierfähre (Fährzeiten: Mo-Sa 4.30-20.30 Uhr, Sa/So 7-20.30 Uhr), ab 2008 über die neue ***Elbbrücke*** *– so gelangen wir von* ***Brandenburg*** *zurück nach* ***Sachsen****. Wir umfahren den großen* ***Liebersee****, eine ehemalige Kiesgrube, und radeln durch*
58 km ***Dröschkau*** *und* ***Ammelgosswitz*** *nach* ***Belgern****.*
(135 km)

Auf einem zur Elbe abfallenden Höhenrücken liegt die urkundlich erstmals 973 erwähnte, aus einer Burganlage hervorgegangene Kleinstadt **Belgern**. Im Zentrum ihres von alten Bürgerhäusern umgebenen Marktplatzes steht das rote **Rathaus** 54 (1575-78). An den restaurierten Renaissancebau angelehnt betrachtet ein steinerner, fast sechs Meter hoher **Roland** 55 seit 1610 die Geschicke der Stadt. Das Wahrzeichen der Stadt hat 2005 »Verstärkung« bekommen: Auf einem elbnahen »Erlebnisrastplatz« wurde ein **Rolandpark** 56 (*B 182*) angelegt, in dem 14 Nachbildungen von Rolandfiguren anderer Städte aufgestellt wurden. Einen wehrhaften Eindruck vermittelt die von Zisterziensermönchen am Steilhang zur Elbe erbaute **St. Bartholomäus-Kirche** 57 (1509-12) (*Kirchstraße*). Die aus Bruchsteinen erbaute Kirche besitzt eine überwiegend barocke Ausstattung. Der **Klosterhof** 58 (1258) (*Pfarrstraße*) ist das älteste Bauwerk der Stadt. Das **Oschatzer Tor** 59 (*Oschatzer Straße*) ist das letzte von ehemals vier Stadttoren, die Bestandteil der frühmittelalterlichen Befestigungsanlage der Stadt waren. Wie andernorts steht auch in Belgern eine **Postmeilensäule** 60 (1730). In einer ehemaligen Schmiede ist das informative **Stadtmuseum** (beide *Topfmarkt*) untergebracht (Öffnungszeiten: Mo/Do 14-18 Uhr, Di/Fr 10-14 Uhr).

Vom ***Fähranleger*** *(Fährzeiten: Mo-Fr 6-18 Uhr, Sa/So 9-17.30 Uhr) begleiten*
67 km *wir die* ***Elbe*** *auf einem reizvollen Uferweg, erklimmen die Hangstufe, folgen*
(144 km) *dem Elbdeich nach* ***Döbeltitz****, besuchen in* ***Weßnig*** *die* ***Erste Radfahrerkirche***

Rathaus in Belgern

***Deutschlands** (schöner Rastplatz), passieren in **Bennewitz** zahlreiche Fischteiche und steuern die in der flachen **Elbaue** weithin sichtbare Stadt **Torgau** an.* 75 km (152 km)

Um 1100 sicherte eine auf steilem Porphyrfelsen errichtete Burganlage den an einem Elbübergang gelegenen, bereits 973 als »torgov« urkundlich erwähnten Marktort, der 1267 das Stadtrecht erhielt. Im Zuge der Leipziger Teilung wurde **Torgau** 1485 kursächsische Residenz der ernestinischen Linie und entwickelte sich bis Mitte des 16. Jahrhunderts zu einem Zentrum der Reformation und einer Stätte eines regen Wirtschafts- und Kulturlebens. Dass die aus dieser Zeit stammende, in ihrer Geschlossenheit in Deutschland einmalige Renaissancebebauung auch im Zweiten Weltkrieg fast vollständig erhalten blieb, ist der kampflosen Übergabe der Stadt an die Alliierten zu verdanken. Auf der Elbbrücke reichten sich am 25. April 1945 Rotarmisten und GIs der US-Army als Sieger über Nazi-Deutschland erstmals die Hand – bis heute wird der »Elbe-Day« als Volksfest gefeiert.

*Nach Überquerung der Hafenzufahrt mittels ehemaliger **Eisenbahnbrücke** und Unterquerung der **Elbbrücke** (B 87/183) (von der Brücke schöne Aussicht!) rollen wir auf der **Elbpromenade** zum **Schloss Hartenfels**.*

Sightseeing: Torgau

Elbseitig vermittelt uns ein mächtiges Doppelportal den Zugang in den fast dreieckigen Innenhof des **Schlosses Hartenfels** (1). Diente das aus einer mittelalterlichen Wehrburg hervorgegangene Wahrzeichen der Stadt zunächst reinen Wohnzwecken, begann nach der Leipziger Teilung der Umbau zu einem prachtvollen Residenzschloss. So entstand zwischen 1482 und 1623 das bedeutendste noch erhaltene Frührenaissanceschloss in Deutschland, das bis zum Siebenjährigen Krieg Austragungsort glänzender Feste, Landtage und prunkvoller Hochzeiten war. Danach wurde es als Zuchthaus, als preußische Kaserne, als Verwaltungssitz und Museum genutzt – bei den dazu jeweils fälligen Umbauten ging die kostbare Innenarchitektur und Ausstattung weitgehend verloren. Zu den bedeutendsten erhaltenen architektonischen Details der Vierflügelanlage gehört der **Große Wendelstein** (1536), ein spiralförmiger Treppenturm, dessen Stufen ohne inneren Stützpfeiler nach oben führen und der mit wertvollen Sandsteinornamenten geschmückt ist. Bemerkenswert ist der **Schöne Erker** (1544), der ungewöhnlich reiche Verzierungen aufweist. Die **Schlosskirche** (1543/44), eine dreigeschossige Saalkirche mit umlaufenden Emporen, wurde von Luther persönlich geweiht. Mit ihr wurde das geistige Programm der Reformation erstmals anschaulich in Architektur und Kunst umgesetzt: Die Kanzel (1554) hat eine zentrale Stellung im Kirchenraum, das Wort Gottes steht im Mittelpunkt; über dem Altar, in Form eines schlichten

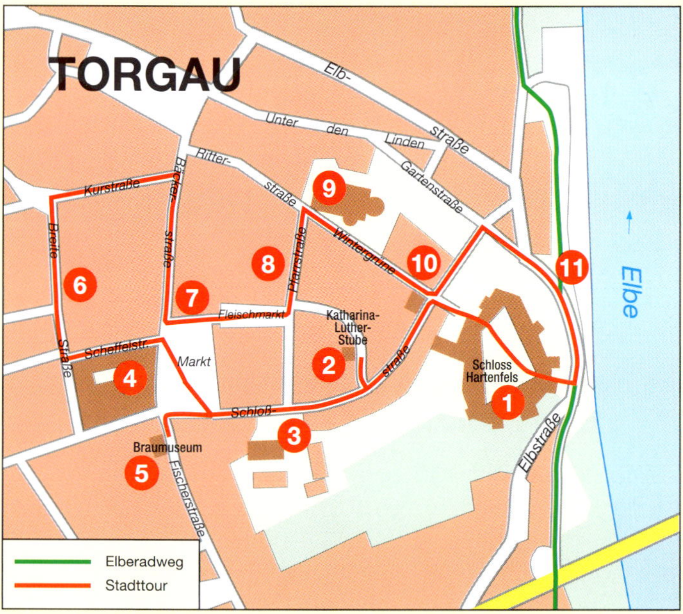

Durch ein mächtiges Doppelportal geht es vom Elbufer in den Innenhof des Schlosses.

Der Große Wendelstein (li.) gehört zu den bedeutendsten architektonischen Details des Schlosses, das der Hausmannsturm (re.) überragt.

Abendmahlstisches, ist die Orgel wirkungsvoll platziert und verdeutlicht die große Bedeutung der Kirchenmusik. In den historischen Gewölben unter der Schlosskirche und in der Unteren Hofstube werden im **Lapidarium** mehr als 80 herausragende originale Zeugnisse der Bildhauer- und Steinmetzkunst des Schlosses aus dem 16. Jahrhundert präsentiert (Öffnungszeiten: April-Oktober tägl. 10-18 Uhr, November-März Sa/So 11-16 Uhr). Über ein düsteres Kapitel der jüngeren Geschichte Torgaus, das Wehrmachtsstrafsystem, die NKWD-Speziallager und den DDR-Strafvollzug, informiert die **Dauerausstellung Spuren des Unrechts** (Öffnungszeiten: tägl. 10-18 Uhr). Ein schöner Ausblick über die Schlossanlage, die Stadt und die Elblandschaft bietet sich von der Aussichtsplattform des 53 Meter hohen **Hausmannsturms** (Öffnungszeiten: wie Lapidarium). Verlassen wir das Schloss durch das stadtseitige Portal, bietet sich uns von der **Schlossbrücke** ein wenig schöner Anblick: Anknüpfend an eine alte Tradition werden seit 1953 im **Bärengraben** unter wenig artgerechten Bedingungen Braunbären gehalten.

Vor dem ehemaligen **Zeughaus** (1479) zweigen wir in die *Schlossstraße*. In der von dieser abgehenden *Katharinenstraße* steht das Sterbehaus der Katharina von Bora (1499-1552) (*Hausnummer 11a*). Die **Katharina-Luther-Stube** **2** erinnert an das Leben der Witwe Luthers (Öffnungszeiten: April-Oktober tägl. 10-18 Uhr, November-März tägl. 10-16 Uhr). Zurück in der *Schlossstraße* passieren wir die **Alltagskirche** **3** (nach 1484) des 1243 erstmals erwähnten Franziskanerklosters. Der dreischiffige Kirchenbau dient heute als Aula des **Johann-Walter-Gymnasiums**.

Das beherrschende Gebäude des Marktensembles ist das auf dem Gelände des ehemaligen Nikolaifriedhofs erbaute **Rathaus** **4** (1563-1579). Es zeugt vom Reichtum und der Stärke des Bürgertums. Auffallend ist der über drei Geschosse reichende Runderker, dessen Brüstungsfelder mit reichem Skulpturenschmuck gestaltet sind. Im Innenhof des Breitwand-Rathauses steht die um 1250 als dreischiffige spätromanische Pfeilerbasilika erbaute **Nikolai-Kirche**. Nach der Säkularisierung wurde sie unter anderem als städtisches Gewandhaus, Kaufhaus, Mehlwaage und Gericht genutzt, wobei das Gebäude baulich sehr stark verändert wurde.

In der vom *Markt* abzweigenden *Fischerstraße* liegt **Wolff Giersings Brauerbe** (*Nr. 11*), ein um 1565 erbautes Bürgerhaus mit einzigartigem Brau- und Malzhaus und einer verzweigten Kelleranlage. In dem hier eröffneten **Braumuseum** **5** wird die Bedeutung der Torgauer Braukunst im 15. und 16. Jahrhundert dokumentiert. Diese schätzte auch Luther, als er anlässlich seiner Hochzeit »zum guten Trunk ein Fass Torgisch Bier« anfahren ließ. Zu besichtigen sind die große Braukelleranlage mit mittelalterlichen, in den Porphyrfels gehauenen Kellern, die ehemalige Schankstube im Bürgerhaus mit Wand- und Deckenmalereien und das historische Braugewölbe (Öffnungszeiten: April-Oktober tägl. 10-18 Uhr, November-März tägl. 10-16 Uhr).

Einladender Marktplatz

Zurück auf dem *Markt* folgen wir rechts am Rathaus vorbei der *Scheffelstraße* zur *Breiten Straße*. Hinter der schlichten Fassade des **Bürgermeister-Ringenhain-Hauses** **6** (*Nr.9*) verbergen sich in höchster Qualität ausgeführte Decken- und Wandmalereien des späten 16. und frühen 17. Jahrhunderts (Öffnungszeiten: April-Oktober tägl. 10-18 Uhr, November-März Sa/So 11-16 Uhr). Am Ende der *Breiten Straße* folgen wir der *Kurstraße* zur *Bäckerstraße* (Fußgängerzone). Hier behauptet sich das älteste **Spielwarengeschäft** (*Nr. 3*) Deutschlands – seit 1685 ist es im Familienbesitz. »Loebners überlebten die französische Besatzung, den Siebenjährigen Krieg, den Ersten und Zweiten Weltkrieg, die Inflation, die Weltwirtschaftskrise und den Sozialismus. Mit der 12. Generation in den Startlöchern wollen Loebners auch die jetzige Krise durchstehen« (aus der »Firmengeschichte«). Zurück auf dem *Markt* passieren wir mit der bereits im 15. Jahrhundert gegründeten **Mohren-Apotheke** **7** (Nr. 4) eine der ältesten Apotheken Sachsens und gelangen zum *Fleisch-*

markt. Das in der *Pfarrstraße* stehende **Kurfürstliche Freihaus** **8** (auch: **Hahnemann-Haus**) (*Nr.3*) zählt zu den ältesten Häusern der Stadt und birgt bemerkenswerte Wand- und Deckenmalereien aus verschiedenen Epochen. Am Ende der *Pfarrstraße* erreichen wir die doppeltürmige **St. Marien-Kirche** **9** (nach 1390). Die spätgotische Hallenkirche mit romanischem Westbau (um 1200) verfügt über eine reiche Ausstattung. Hierzu gehören die Altartafel »Die vierzehn Nothelfer« (1505), ein Frühwerk von Lucas Cranach d.Ä., der barocke Hochaltar (1694-98) und eine Renaissancekanzel (1582). In der Marienkirche hat Katharina von Bora ihre letzte Ruhestätte gefunden; der von ihren Kindern gesetzte, mit einer plastischen Relieffigur versehene Grabstein zeigt eine selbstbewusste Frau. Vor der Marien-Kirche zweigen wir in die Straße *Wintergrüne*, passieren nacheinander die **Superintendentur** (Nr.2), in der Luther mit Philipp Melanchthon und anderen 1530 die »Torgauer Artikel«, die dem Augsburger Glaubensbekenntnis als Grundlage dienten, erarbeitete, und die ehemalige **Gelehrtenschule** (*Nr. 6*), in die Luther seinen ältesten Sohn schickte, und gelangen zur ehemaligen **Kursächsischen Kanzlei** **10** (*Nr. 5*). In dem stattlichen Gebäude befindet sich das **Stadt- und Kulturgeschichtliche Museum** (Öffnungszeiten: April-Oktober tägl. 10-18 Uhr, November-März tägl. 10-16 Uhr). Vor der Schlossbrücke linkshaltend gelangen wir zum **Denkmal der Begegnung** **11** (1945). Es erinnert an das am 25. April 1945 gegen 16 Uhr erfolgte erste Zusammentreffen russischer und amerikanischer Soldaten auf der von der Wehrmacht zuvor gesprengten Elbbrücke. Das (einen Tag später für die internationale Presse nachgestellte) Foto vom Treffen ging um die Welt und gelangte danach in unsere Geschichtsbücher. Dass es schon in den Mittagsstunden des 25. April bei Strehla erste Kontakte gegeben hatte, wurde

erst später bekannt und bald wieder vergessen... Der stadtseitige Pfeiler der 1994 abgerissenen historischen Brücke blieb als Aussichtsplattform erhalten (2 Kilometer).

»Denkmal der Begegnung« – hier trafen sich am 25.4.1945 russische und amerikanische Truppen.

Blick von der Elbbrücke auf Schloss Hartenfels

i

Riesa-Information, Hauptstraße 61, 01589 Riesa, Tel. 03525/529420, info@tourismus-riesa.de, www.tourismus-riesa.de;
Touristinformation, Am Schlosspark 1, 01616 Strehla, Tel. 035264/90739, fremdenverkehrsverein-strehla@web.de, www.strehla.de;
Touristeninformation, Klosterstraße 9, 04931 Mühlberg/Elbe, Tel. 035342/70687, stadt-muehlberg@t-online.de, www.muehlberg-elbe.de;
Fremdenverkehrsamt, Markt 10, 04874 Belgern, Tel. 034224/46536, www.stadtbelgern.de;
Torgau-Informations-Center, Markt 1, 04860 Torgau, Tel. 03421/70140, info@tic-torgau.de, www.torgauinfo.de.

Torgau – Wittenberg

Durch die beschauliche Elbauenlandschaft zum Ausgangspunkt der Reformation

Auf dem Weg von der Renaissancestadt Torgau zur Lutherstadt Wittenberg dominiert das Landschaftserlebnis: Zwei Kleinststädtchen und ein gutes Dutzend Dörfer verlieren sich in der »Flusslandschaft Elbe«. Mit der durch die UNESCO initiierten Einrichtung des gleichnamigen Biosphärenreservates (1997) hat die europaweit einmalige Landschaft ihren angemessenen Schutzstatus gefunden: Das länderübergreifende, knapp 4000

Quadratkilometer große Biosphärenreservat »Flusslandschaft Elbe« erstreckt sich auf einer Elblänge von fast 400 Kilometern von der Ländergrenze Sachsen/Sachsen-Anhalt bis zum schleswig-holsteinischen Elbstädtchen Geesthacht. Es ist damit das größte Biosphärenreservat an einem mitteleuropäischen Strom und Bestandteil eines weltweiten Netzes von fast 400 Biosphärenreservaten.

Der Fährmann der Gierseilfähre Dommitzsch-Prettin hat offensichtlich genug Zeit zur Blumenpflege.

Die Etappe auf einen Blick

Streckenlänge	69 Kilometer.
Steigungen	Drei kurze Anstiege - insgesamt knapp 50 Meter.
Wegbeschaffenheit	Ausschließlich asphaltierte/gepflasterte Rad-, Deich- und Güterwege sowie verkehrsarme Straßen.
Fähren	Dommitzsch-Prettin, Pretzsch-Mauken, Elster-Wartenburg.
Bahnverbindung	Von Torgau über Falkenberg (kürzer) oder Leipzig (länger) nach Wittenberg.
Sehenswürdigkeiten	Dommitzsch: St. Marien-Kirche. Priesitz: Schifferkirche. Pretzsch: Schloss, St. Nikolaus-Kirche, Wiek-Haus. Elster: Bockwindmühle, Gierseilfähre. Wittenberg: Altstadt ☆, Schmetterlingspark, Werkssiedlung Piesteritz, Hundertwasser-Schule.
Bademöglichkeiten	Dommitzsch (Waldbad), Lausiger Teich (Naturbad), Pretzsch (Hallenbad), Wittenberg (Sport- und Freizeitbad, Hallenbad).
Gaststätten außerhalb der größeren Ortschaften (Auswahl)	Hotel-Restaurant »Fährhaus« in Dommitzsch, Restaurant-Café »Teichhaus« an den Lausiger Teichen, Gaststätte »Zum Fährhaus« in Pretzsch, Landgasthof »Sonneneck« in Listerfehrda, Hotel-Restaurant-Café »Elster Elbterrassen« und Speisegaststätte »Elbstübchen« in Elster, Gasthaus »Zum Schiffchen« in Gallin, Gaebelt's Gaststätte« in Hohndorf.
Campingplätze	Dommitzsch, Lausiger Teich, Pretzsch, Elster, Wittenberg.

*Auf der schönen **Elbpromenade** verlassen wir das **Torgauer Altstadtzentrum**, unterqueren die **Eisenbahnbrücke** und radeln an einer ausgedehnten Industrieanlage vorbei nach **Repitz**. Hinter dem **Torbogenhaus** trennen wir uns von der **Elbe**, gelangen durch weitläufige Felder zur idyllischen **Alten Elbe***
7 km *und in deren Verlauf nach **Döbern**, das mit einem allsommerlich besetzten Stor-*
(159 km) *chenhorst – der gedeckte Tisch befindet sich gleich vor der Tür – und einer hübschen Kirche aufwartet. In einer verwinkelten Routenführung, die uns hier und da an den meist ufernahen Elbdeich heranführt, gelangen wir durch **Mockritz** nach **Elsnig**, tangieren einen weiteren großen Altarm der **Elbe**, rollen an **Polbitz** vor-*
21 km *bei nach **Drebligar** und erreichen alsbald den **Anleger** der **Gierseilfähre Dom-***
(173 km) ***mitzsch** (Fährzeiten: Mo-Fr 5-21 Uhr, Sa/So 6.30-20 Uhr), wo das Hotel-Restaurant »Fährhaus« mit einer Aussichtsterrasse zur Einkehr bittet.*

Die Silhouette der an einer alten Verbindungsstraße zwischen Torgau und Wittenberg gelegenen Kleinstadt **Dommitzsch** bestimmt der mächtige Backsteinbau der **St. Marien-Kirche** ⓺❶ (1443-93). Die nach zwei Bränden mehrfach veränderte, dreischiffige spätgotische Hallenkirche birgt als besondere Kostbarkeit drei gotische Schnitzfiguren (13. Jh.). Der Stadtgeschichte wid-

Am Rand der Dübener Heide setzen Sonnenblumenfelder Farbtupfer.

met sich das kleine **Heimatmuseum** (*Marktplatz*), das in der »Alten Apotheke« (1716) eingerichtet ist (Öffnungszeiten: Mo/Mi/Fr 9-12 Uhr, jeden 2./4. So im Monat 14-16 Uhr).

Schifferkirche am Priesitzer See

*Kaum haben wir die Kleinstadt verlassen, befinden wir uns im **Naturpark Dübener Heide**. Wiesen und Äcker, Kiefern- und Mischwälder, Seen, Teiche und Moore bestimmen die flachwellige Heidelandschaft. In munterem Auf und Ab rollen wir durch ausgedehnte Felder. En passant verlassen wir **Sachsen** und gelangen gleichzeitig nach **Sachsen-Anhalt** und in das **Biosphärenreservat***
»Flusslandschaft Elbe«**. Die in einem Kiefernwald idyllisch gelegenen **Lausiger 31 km
***Teiche** 62 können wir bei Bedarf zur Abkühlung nutzen. Die am **Priesitzer See**,* (183 km)
*einem Elbaltarm, stehende **Schifferkirche** 63 (um 1300) ist ein wahres Kleinod*
der Romanik. Durch die mit einem Altwasser »angereicherte« Elbaue steuern wir 35 km
*die Kleinstadt **Pretzsch** an.* (187 km)

Altarm der Elbe bei Döbern

Renaissanceschloss Pretzsch

Das an Stelle einer gotischen Burganlage (981) errichtete kastellförmige **Renaissanceschloss Pretzsch** 64 (1571-74) wurde 1697 im Auftrag der Kurfürstin Christiane Eberhardine, Gemahlin August des Starken, durch Pöppelmann umgestaltet und um mehrere Kavalierhäuser erweitert. Gleichzeitig entstand der barocke **Schlosspark** mit der Orangerie. Neben der frisch sanierten Schlossanlage, die mit Unterbrechungen seit 200 Jahren als Kinderheim genutzt wird, gibt es in der Kleinstadt einige Sehenswürdigkeiten, die einen Besuch lohnen. Die **Stadtkirche St. Nikolaus** 65 (um 1650) (*Kirchstraße*) wurde im Auftrag besagter Kurfürstin 1720 zur barocken Hofkirche umgestaltet. Bedeutendstes Zeugnis der unter Pöppelmann erfolgten Umgestaltung ist die prächtige hölzerne Eberhardinenloge. Aus dem Einweihungsjahr 1652 stammen der Altar und die Kanzel, beides Arbeiten aus sächsischem Sandstein. Den Einfluss Pöppelmanns erkennen lässt auch das barocke **Wiek-Haus** 66 (1725) (*Markt*), in dem der Musikpädagoge Johann Gottlob Friedrich Wiek (1785-1873), der auch Robert Schumann zu seinen Schülern zählte, geboren

wurde. Das **Alte Gericht** (um 1700), ein stattliches Fachwerkhaus, beherbergt das **Pretzscher Heimatmuseum** (*Goetheallee*) (Öffnungszeiten: Di/Do 10-12 und 14-17.30 Uhr, Fr 14-16 Uhr).

Alternativroute

Rechtselbisch von Pretzsch nach Elster

Landschaftlich der »Hauptroute« durchaus ebenbürtig, aber mit längeren radweglosen Straßenpassagen können wir von **Pretzsch** nach **Elster** gelangen: Vor **Pretzsch** überqueren wir die **Elbe** mit einer Autofähre (Fährzeiten: Mo-Fr 5-21 Uhr, Sa/So 7-20 Uhr) und rollen neben dem Elbdeich nach **Kleindröben** (Rundlingsdorf). Dem mäandrierenden **Riß** (Naturschutzgebiet) folgen wir nach **Klöden** (sehenswerte Dorfkirche, schlichtes Renaissanceschloss). Auf einer mäßig befahrenen Landstraße radeln wir nach **Schützberg** und weiter nach **Gorsdorf-Hemsendorf**, wo wir die **Schwarze Elster** (Naturschutzgebiet) überqueren. Ab **Listerfehrda** begleiten wir die stark befahrene B 187 (Radweg) nach Elster (20 Kilometer).

Ortsausgangs stoßen wir auf den sanierten Elbdeich, auf oder vor dem wir an den weltabgeschiedenen Siedlungen ***Bösewig*** *und* ***Bleddin****, an unzähligen Lacken, Teichen und kilometerlangen Elbaltarmen vorbei durch die naturgeschützte Elbaue nach* ***Wartenburg*** *radeln.* 51 km (203 km)

Alternativroute

Linkselbisch von Wartenburg nach Wittenberg

Bis zur anstehenden Sanierung des Deichabschnitts zwischen **Wartenburg** und **Dabrun** (großartige Auenlandschaft) fahren wir von **Wartenburg** auf verkehrsarmen Straßen nach **Melzwig** und weiter nach **Dabrun**. Von dort gelangen wir auf dem bereits sanierten Elbdeich (schöne Aussicht in die Elbaue) nach **Pratau** (13 Kilometer), wo wir entweder über die neue **Elbbrücke** (B 2) ins Zentrum von **Wittenberg** fahren (16 Kilometer) oder nach **Wörlitz** (siehe Etappe 5) weiterradeln können.

Nach einem Blick auf die kastellförmige **Wartenburg** (1663, Umbau 1820), in dem sich heute ein Kinderheim befindet, und auf die neogotische **Backsteinkirche** (1875), in die der hübsche Turm (1717) eines Vorgängerbaus einbezogen wurde,
54 km (206 km) steuern wir die ehemalige Fischer- und Schiffersiedlung **Elster** an. Am **Fähranleger** (Fährzeiten: Mo-Fr 5.30-20 Uhr, Sa/So 8-20 Uhr) lädt das Gasthaus »Elster Elbterrassen« zu einer reizvollen Schaurast. Auf einem schönen Uferweg verlassen wir den Ort, besuchen ein aus einer restaurierten Bockwindmühle und einer aufgebockten Gierseilfähre bestehendes **Mini-Freilichtmuseum** (67) und gelangen auf oder vor dem
68 km (220 km) Elbdeich an **Iserbegka**, **Gallin**, **Prühlitz** und **Hohndorf** vorbei durch die **Wittenberger Luch**, ein besonders wasserreiches Elbauengebiet, nach **Wittenberg**.

Elbfähre Elster

Wittenberg, erstmals 1183 als Burgward urkundlich erwähnt, diente nach der 1485 erfolgten Leipziger Teilung als Residenz der Ernestiner und erlebte unter diesen die glanzvollste Periode seiner Geschichte. Unter der Ägide Friedrichs des Weisen (1463-1525) wurde ohne Einwilligung des Papstes 1502 die erste landesfürstliche Universität Deutschlands, die »Leucorea«, gegründet, die kaum zehn Jahre später zum Zentrum der lutherischen Reformation werden sollte. Als Mönch (seit 1508) und Professor für Bibelauslegung (seit 1512) lebte Martin Luther (1483-1546) im Augustinereremitenkloster. Ob sie nun an die Schlosskirche genagelt wurden oder ob dieses nur Legende ist – mit den am 31.10.1517 veröffentlichten berühmten 95 Thesen, in denen Luther

»aus Liebe zur Wahrheit und in dem Bestreben, diese zu ergründen« gegen die herrschenden kirchlichen Verhältnisse auftrat, begann eine Entwicklung, die über die theologische Sachdiskussion hinaus alle Bereiche des kirchlichen, politischen und kulturellen Lebens in Deutschland beeinflusste.

Nach dem Tod Luthers und der Verlegung der sächsischen Residenz nach Torgau ging die Bedeutung Wittenbergs spürbar zurück. Im Jahr 1815 gelangte die Stadt in preußischen Besitz, zwei Jahre später stellte die Universität ihren Betrieb ein. Erst mit dem Beginn der Industrialisierung und dem Ausbau zu einem Verkehrsknotenpunkt (Eisenbahn, Elbhafen) erlangte Wittenberg wieder Bedeutung. Heute lebt die Stadt, die sich seit 1938 offiziell als **Lutherstadt Wittenberg** präsentiert, nicht unwesentlich von der touristischen Vermarktung ihres berühmtesten Einwohners. Da passt es hervorragend, dass die Lutherstätten Wittenbergs 1996 in die Liste des UNESCO-Weltkulturerbes aufgenommen wurden.

*Dank einer vorbildlichen Ausschilderung gestaltet sich die Einfahrt in die **Wittenberger Altstadt** vollkommen unproblematisch: Am Ende der*
69 km *__Dresdner Straße__ (B 187) unterqueren wir die __Umgehungsstraße__ (B 187) und*
(221 km) *die Bahngleise und gelangen direkt ins historische __Zentrum__.*

Sightseeing: Wittenberg

Alle wichtigen Baudenkmäler Wittenbergs reihen sich wie die Perlen einer Kette an der *Collegienstraße* und *Schlossstraße* und dem beide verbindenden *Markt* – allesamt Teil der ausgedehnten innerstädtischen Fußgängerzone (Radfahren erlaubt).

Das **Lutherhaus** ❶ (1504) (*Collegienstraße 54*) war ursprünglich ein Augustinereremitenkloster, das von Anfang an durch die Universität genutzt wurde. Im Zuge der Reformation verließen die Mönche das Kloster, nach seiner Heirat (1525) richtete sich Luther mit seiner Familie im Westflügel ein. Seit 1883 beherbergt die mehrfach umgestaltete Anlage das **Reformationsgeschichtliche Museum**, zu dessen Schätzen neben der noch weitgehend im Original erhaltenen »Lutherstube« die fast lückenlose Sammlung der Lutherschriften in Originaldrucken, eine umfangreiche Bibelsammlung sowie Gemälde und Drucke von Lucas Cranach d.Ä. u.a. gehören (Öffnungszeiten: April-Oktober tägl. 9-18 Uhr, November-März Di-So 10-17 Uhr). Das benachbarte **Melanchthonhaus** ❷ (1536) (*Nr. 60*), ein dreigeschossiges Renaissancegebäude, bietet mit seinem zum Teil originalen Mobiliar einen interessanten Einblick in das Leben des engsten Mitstreiters Luthers (Öffnungszeiten: wie Reformationsgeschichtliches Museum). In der Gebäudegruppe der ehemaligen **Fridericianums-Kaserne** (*Nr. 62*) befand sich einst der Hauptsitz der alten »Leucorea« – mit der 1994 ins Leben gerufenen »Stiftung Leucorea« der **Martin-Luther-Universität Halle-Wittenberg** ist hier wieder neues Leben eingekehrt.

Die aus der Marienkapelle (um 1280) hervorgegangene dreischiffige, gotische **Stadtkirche St. Marien** ❸ (1420) (*Kirchplatz*) ist das älteste und markanteste Bauwerk Wittenbergs. Die Predigtkirche Luthers besitzt eine reiche, zum größten Teil nach den Unruhen von 1521/22 (Bilderstürmerei) geschaffene Ausstattung. Unbestrittenes Highlight ist der von Lucas Cranach d.Ä. und Lucas Cranach d.J. geschaffene Reformationsaltar (vor 1539/um 1547). Beachtenswert sind die prachtvolle Messingtaufe (1457) und die in großer Zahl und hoher Qualität vorhandenen Grabmäler und Epitaphen.

Das **Rathaus** ❹ (1523-35) (*Markt 26*) ist das herausragende Bauwerk des unter Denkmalschutz stehenden Marktensembles. In dem stattlichen Renaissancebau bietet die Ausstellung **Christliche Kunst im 20. Jahrhundert** eine außergewöhnliche Sammlung von Grafiken international bedeutender Künstler zu christlichen Themen (u.a. Chagall, Picasso, Dix, Nolde, Dali, Beuys) (Öffnungszeiten: Di-So 10-17 Uhr). Vor dem Rathaus stehen die wohlbehüteten **Denkmäler** von **Luther** (1821) und **Melanchthon** (1865). Von den prächtigen Bürgerhäusern, die den Markt umrahmen, sind besonders die mit Treppentürmen bestückten Hofanlagen herauszuheben. Der **Beyer-Hof** ❺ (Anfang 16. Jh.) (*Nr. 6*), über dessen hofseitigen Sandsteinarkaden noch gut erhaltene, hölzerne Laubengänge (Anfang 17. Jh.) existieren, beherbergt heute das **Brauhaus Wittenberg** mit dem größten Biergarten der Stadt. Die **Cranach-**

Höfe 6 (1512/1518) (*Markt 4/Schlossstraße 1*) waren die Wirkungsstätten von Lucas Cranach d.Ä. und d.J. Heute finden sich in dem aufwändig restaurierten Gebäude – fast wie zu Cranachs Lebzeiten – Künstlerwerkstätten, eine Malschule, eine Apotheke und eine Hofwirtschaft sowie die Dauerausstellung »Lucas Cranach d.Ä. – Seiten eines Künstlerlebens« (Öffnungszeiten: Mai-Oktober Mo-Sa 10-17 Uhr, So 13-17 Uhr, November-April Di-Sa 10-17 Uhr, So 13-17 Uhr). Seiten des Alltagslebens in der DDR werden im **Haus der Geschichte** 7 (*Schlossstraße 6*) aufgeschlagen: Eine deutschlandweit einmalige Ausstellung zeigt, wie Familien in der DDR ihre Wohnungen einrichteten und wie sie mit den kleinen Dingen des Alltags darin lebten (Öffnungszeiten: Di-Fr 10-17 Uhr, Sa/So 11-18 Uhr).

Weithin sichtbar ist der 88 Meter hohe Turm der **Schlosskirche** 8 (*Schlossplatz*), die Kurfürst Friedrich der Weise als Nordflügel eines repräsentativen Schlosses (1489-1525) errichten ließ. An die Tür des Nordportals soll Luther seine weltberühmten 95 Thesen geschlagen haben – die Tür (wie die gesamte Schlossanlage) fiel während des Siebenjährigen Krieges einem Brand zum Opfer. Nach ihrem Wiederaufbau als barocke Hofkirche (1767-70) wurde die Schlosskirche Ende des 19. Jahrhunderts zu einer »Ruhmes- und Gedächtnishalle der Reformation« ausgebaut, aus dieser Zeit stammt die heutige »Thesentür« (1858). Die bedeutendsten Kunstwerke der Kirche versammeln sich im Chor: Gegenüber der reichen kurfürstlichen Begräbniskultur fallen die schlichten Grabstätten der großen Wittenberger Reformer Luther und Melanchthon bescheiden aus. Vom **Schloss**, das nach seiner Zerstörung 1818 zu einer preußischen Zitadelle umgebaut wurde, sind nur noch die beiden Treppenhäuser in den Ecken des Innenhofes erhalten. Im Schloss sind heute das **Museum für Natur- und Völkerkunde »Julius Riemer«** (Öffnungszeiten: Di-So 9-17 Uhr) und die Jugendherberge untergebracht (600 Meter).

Außerhalb der Wittenberger Altstadt lohnen zwei architektonisch interessante Projekte einen Besuch: Im Ortsteil **Piesteritz** wurde 1916-19 nach Plänen von Otto Rudolf Salvisberg eine der bemerkenswertesten Werkssiedlungen Deutschlands erbaut. In der **Werkssiedlung Piesteritz** 9 fand die Belegschaft der gleichzeitig entstehenden »Mitteldeutschen Stickstoffwerke AG« in 393 Reihen- und Einfamilienhäusern eine komfortable Heimat. Die Siedlung bot Lebensumstände, die Maßstäbe für die Zukunft setzten: Alle Häuser hatten Innentoiletten und festinstallierte Badewannen, in den Gärten konnten die Bewohner Obst und Gemüse anbauen. Die gesamte Anlage, die das traditionsorientierte »Gegenmodell« zur modernen Bauhaus-Siedlung Dessau-Törten (siehe Etappe 5) darstellt, wurde 1995-2000 als EXPO-Projekt umfassend denkmalgerecht und bewohnerorientiert (autofrei) saniert. Einer notwendigen Sanierung verdankt das **Martin-Luther-Gymnasium** (*Straße der Völkerfreundschaft 130*) sein heutiges Aussehen: Ein Brief der Schüler und Schülerinnen an »Hundertwasser – Wien« genügte, um den kreativen Öster-

Die Stadtkirche St. Marien überragt das denkmalgeschützte Marktensemble.

Rathaus

reicher für die Umgestaltung des Plattenbaus »Typ Erfurt 2« zu gewinnen. Auf ehrenamtlicher Basis schuf Friedensreich Hundertwasser (1928-2000), der zeitlebens für ein Leben in Harmonie mit der Natur eintrat, Mitte der neunziger Jahre mit bunten Farben, Baummietern und begrünten Dachflächen eine moderne, fröhliche und verspielte Lernwerkstatt. Martin Luther würde es sicherlich verschmerzen, dass die Bildungseinrichtung heute unter **Hundertwasser-Schule** ⑩ firmiert... (Öffnungszeiten Info-Raum: Di-Fr 13.30-17 Uhr, Sa/So 10-16 Uhr).

Und auch für Naturfreunde hat Wittenberg etwas zu bieten: Unweit des **Volksparks Piesteritz** präsentiert der **»alaris« Schmetterlingspark** ⑪ (*Rothemarkstraße 131*) auf einer Fläche von 1000 Quadratmetern eine einzigartige Tropenlandschaft mit Hunderten frei fliegender Schmetterlinge aus aller Welt (April-September tägl. 9.30-17.30 Uhr, Oktober tägl. 9.30-16.30 Uhr).

i

Tourismus Service Pretzsch, Goetheallee 3, 06909 Pretzsch, Tel. 034926/57308, www.ts-pretzsch.de;
Wittenberg-Information, Schlossplatz 2, 06886 Wittenberg, Tel. 03491/498610, wb-info@wittenberg.de, www.wittenberg.de.

Schlosskirche

Wittenberg – Dessau

Erlebnisreise durch das UNESCO-Welterbe Gartenreich Dessau-Wörlitz

Unweit der Lutherstadt Wittenberg beginnt das bereits 1979 gebildete und 1988 und 1990 erheblich erweiterte UNESCO-Biosphärenreservat »Mittlere Elbe«, seit 1997 Teilgebiet des Biosphärenreservates »Flusslandschaft Elbe«. Hier finden sich drei Viertel des gesamten an der Elbe noch vorhandenen Auenwaldes, nur hier konnte der Elbebiber den Ausrottungsfeldzug der vergangenen Jahrhunderte überleben und gerade hier befindet sich mit dem Gartenreich Dessau-Wörlitz eine der bedeutendsten, von Menschen geschaffenen Kulturlandschaften auf dem Kontinent.

Vom Radelweg eine Kurzetappe, von den landschaftlichen und kulturellen Highlights, auch abseits des Elberadwegs, mindestens ein »Zwei-Tage-Programm« – die Gestaltung der Etappe von Wittenberg nach Dessau will gut überlegt sein.

Elbaue bei Vockerode

Die Etappe auf einen Blick

Streckenlänge	42 Kilometer.
Steigungen	Keine.
Wegbeschaffenheit	Bis auf knapp 8 Kilometer geschotterte/gekieste Deich- und Radwege ausschließlich asphaltierte/gepflasterte Rad-, Deich- und Güterwege sowie verkehrsarme Straßen.
Fähren	Coswig (Anhalt).
Bahnverbindung	Von Wittenberg nach Dessau.
Sehenswürdigkeiten	Wörlitz: Landschaftspark und Ort ☆. Oranienbaum: Schloss, Schlosspark, Orangenbäumchen, Stadtkirche. Sieglitzer Berg: Landschaftspark. Dessau: Schloss und Park Luisium in Waldersee, Zentrum ☆.
Bademöglichkeiten	Dessau (Hallenbäder, Strandbad Adria, Waldbad).
Gaststätten außerhalb der größeren Ortschaften (Auswahl)	Gaststätte »Forsthaus Leiner Berg«.
Campingplatz	Dessau.

Alternativroute

Rechtselbisch von Wittenberg nach Wörlitz

Einzig der Besuch der Kleinstadt **Coswig (Anhalt)**, die allerdings auch von der »Hauptroute« problemlos angesteuert werden kann, rechtfertigt derzeit die wenig attraktive rechtselbische Route: Von **Wittenberg** folgen wir bis auf zwei wenig attraktive Schlenker der stark befahrenen B 187 (Radweg) bis vor **Coswig (Anhalt)** (Renaissanceschloss, St. Nikolai-Kirche), rollen durch die Siedlung **Ratskiefern** und setzen unsere Fahrt auf der mäßig befahrenen B 107 fort. Nach Überquerung der **Elbe** mittels Gierfähre (Fährzeiten: März-Dezember Mo-Do 7-20 Uhr, Fr 7-22 Uhr, Sa/So 9-22 Uhr) radeln wir neben der B 107 (Radweg) nach **Wörlitz** (19 Kilometer).

*Den **Wittenberger Markt** verlassen wir mit der **Elbstraße**, gelangen über das Bahngleis zur **B 2/187**, folgen dem Radweg neben der **B 2** über die **Elb-***
5 km *__brücke__ bis zum Kreisverkehr vor **Pratau**, rollen durch die Siedlung **Kienberge***
(226 km) *und stoßen an deren Ende auf den Elbdeich. Diesem folgen wir (bis Wörlitz derzeit nur Fahrbahnmarkierungen) auf der elbabgewandten Seite durch eine weitläufige Felderlandschaft. Hin und wieder sollten wir die Deichkrone erklimmen, denn die landschaftlichen Highlights liegen hinter dem Elbdeich: Sind es zunächst die*
10 km *ausgedehnten Elbwiesen, ist es später das **Naturschutzgebiet Crassensee**, mit*
(231 km) *dem wir das **UNESCO-Biosphärenreservat »Mittlere Elbe«** erreichen. Mit dem zum gleichnamigen Naturschutzgebiet gehörenden **Schönitzer See**, einem Altarm der **Elbe**, befinden wir uns bereits im **Gartenreich Dessau-Wörlitz**.*

An dieser Idylle hätte Fürst Franz seine Freude gehabt.

Das Schöne mit dem Nützlichen zu verbinden war das Bestreben des Fürsten Leopold III. Friedrich Franz von Anhalt-Dessau (1740-1817), als er daran ging, die Region an Mulde und Elbe gartenkünstlerisch zu gestalten. Der Anhänger der aufklärerischen Ideale der französischen bürgerlichen Revolution scharte gestalterische Berater, wie den Architekten Friedrich Wilhelm Freiherr von Erdmannsdorff (1736-1800), um sich und schuf mit ihrer Unterstützung das **Gartenreich Dessau-Wörlitz**. Bereits vorhandene Gärten, Parks und Anlagen, wie der Lustgarten am Wörlitzer Schloss und die Schlossparks Mosigkau und Oranienbaum, wurden in die Gesamtgestaltung einbezogen. Die großräumige, an englischen Landschaftsparks orientierte Landschaftsgestaltung schloss landwirtschaftliche Elemente wie Feldflächen, Obst- und andere Nutzgehölze, ja sogar die Viehwirtschaft ebenso ein wie die Verbesserung des Hochwasserschutzsystems und den Ausbau des Wege- und Straßennetzes. Zahlreiche klassizistische, neogotische und romantisierende Bauwerke setzten architektonische Akzente in der Landschaft ebenso wie in den Gärten, die weder durch Umzäunungen noch Tore abgeschlossen wurden: Dienten die Gärten des Barock und Rokoko ausschließlich dem Vergnügen der Hofgesellschaften, so waren die Anlagen im Gartenreich Dessau-Wörlitz von Beginn an der Allgemeinheit zugänglich.

Das 142 Quadratkilometer große Gartenreich Dessau-Wörlitz gehört seit 2000 als »herausragendes Beispiel für die Umsetzung philosophischer Prinzipien der Aufklärung in einer Landschaftsgestaltung, die Kunst, Erziehung und Wirtschaft harmonisch miteinander verbindet«, zum UNESCO-Welterbe.

Nachdem wir den durch einen Damm geteilten ***Schönitzer See*** *überquert haben, passieren wir das* ***Wachhaus Limesturm****, zweigen vor dem* ***Roten Wallwachhaus*** *in einen vom Deich wegführenden Fahrweg und gelangen an den*
21 km ***Wörlitzer Anlagen*** *entlang nach* ***Wörlitz****.*
(242 km)

Überregionale Bedeutung erlangte die bereits 1004 erstmals urkundlich erwähnte ehemalige Ackerbürgerstadt **Wörlitz** in der ersten Hälfte des 18. Jahrhunderts mit der Schaffung der **Wörlitzer Anlagen**. Dieser Touristenmagnet bildet heute die materielle Basis des mittlerweile staatlich anerkannten Erholungsortes.

Sightseeing: Wörlitz

Zwei Vorbemerkungen: Da in den Wörlitzer Anlagen das Radfahren (verständlicherweise) nicht erlaubt ist, gibt es hier einmal »Sightseeing per pedes« (Fahrradständer stehen in ausreichender Zahl zur Verfügung). Wer die Wörlitzer Anlagen besucht, sollte vor allem Zeit und bequemes Schuhwerk mitbringen.

Die **Wörlitzer Anlagen** sind ein Gesamtkunstwerk von Gartengestaltung, Bauwerken und bildender Kunst. Sie bilden den künstlerischen Höhepunkt des Gartenreichs, das Fürst Franz und sein Freund Erdmannsdorff schufen. Die seit 1764 im Verlauf von vier Jahrzehnten um den **Wörlitzer See**, einem Altwas-

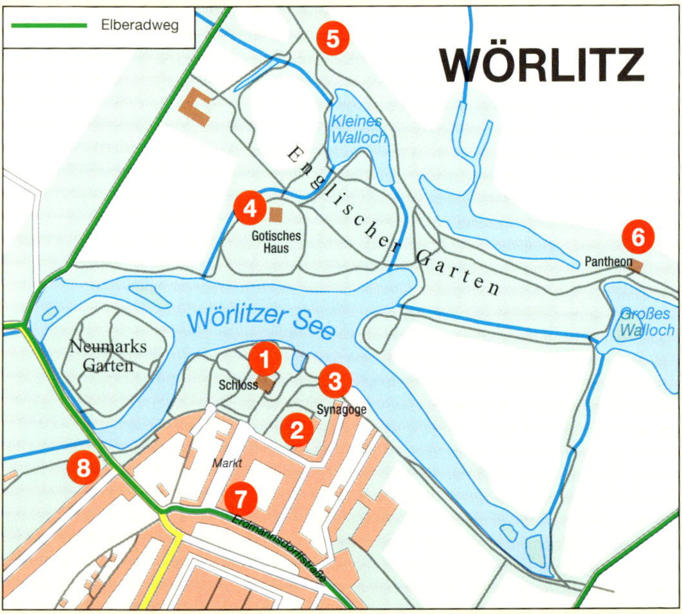

Gotisches Haus

ser der Elbe, entstandene 112 Hektar große Anlage besteht aus fünf Gartenteilen: **Schlossgarten**, **Schochs Garten**, **Weidenheger**, **Neumarks Garten** und **Neue Anlagen**. Meist sind diese durch Seen und Kanäle voneinander getrennt, um über Fähren, Brücken, Wege und Blickbeziehungen wieder verbunden zu werden.

Aus der Fülle der Sehenswürdigkeiten können an dieser Stelle nur einige architektonische Highlights vorgestellt werden: Im Zentrum der Wörlitzer Anlagen steht das dreigeschossige **Schloss** ❶ (1769-73). Das ursprünglich »Landhaus« genannte Bauwerk gilt als Gründungsbau des Klassizismus in Deutschland. Sein weitgehend erhaltenes Interieur bildet die Basis des heutigen **Schlossmuseums** (Schlossführungen: Mai-September Di-So 10-18 Uhr, April/Oktober Di-So 10-17 Uhr). Die neugotische **St. Petri-Kirche** ❷ (1805-09) gründet auf einem kleineren romanischen Vorgängerbau (1196-1201), von dem einige Ausstattungsstücke in den Neubau übernommen wurden. Von der Aussichtsplattform des 66 Meter hohen Turmes eröffnet sich ein reizvoller Blick auf Wörlitz, den Park und die Umgebung (Öffnungszeiten: Mitte März-Mitte Oktober Di-Sa 11-17 Uhr, So 12-17 Uhr). Die Kirche bildet mit dem **Marstall** (1789), dem **Grauen Haus** (1789) und der **Propstei** (1796) eines der großartigsten neugotischen Ensemble in Deutschland. Das Vorbild für die **Synagoge** ❸ (1787-90), die Fürst Franz als Ausdruck seiner toleranten Politik unweit der christlichen Kirche errichten ließ, steht in Rom. Die Inneneinrichtung des Rundtempels wurde 1938 in der Reichs-Pogromnacht vernichtet; seit 2003 gibt eine Ausstellung Einblicke in die jüdische Geschichte Anhalts (Öffnungszeiten: Mai- September tägl. 10-18 Uhr, April/Oktober tägl. 11-17 Uhr). In **Schochs Garten** steht das in mehreren Bauabschnitten entstandene **Gotische Haus** ❹ (1773-1813). Das ehemalige Wohnhaus des Fürs-

Villa Hamilton

ten hat zwei Gesichter: Während die Gartenseite an die Tudorgotik angelehnt ist, hat die Kanalfront eine venezianische Kirche zum Vorbild. Es birgt eine einmalige Sammlung vorwiegend schweizerischer Glasgemälde (15.-17. Jh.) und deutscher, niederländischer und italienischer Malerei (16-18. Jh.) sowie eine bemerkenswerte neugotische Möblierung und Raumgestaltung (Führungen: Mai-September Di-So 10-18 Uhr, April/Oktober Sa/So 10-17 Uhr). Der **Venustempel** 5 (1794) wurde nach dem Vorbild des Sibyllentempels in Tivoli errichtet. Eine Verkleinerung des römischen Monumentalbaus ist das in den **Neuen Anlagen** in den Elbdeich eingelassene **Pantheon** 6 (1795-97). Es beherbergt die umfangreiche Antikensammlung des Fürsten. **Floratempel**, **Vestatempel**, **Villa Hamilton**, **Wallwachhaus**, **Piemonteser Bauernhaus**, **Wurzelhaus**, **Nymphaeum**, **Eiserne Brücke**, **Sonnenbrücke**, **Hohe Brücke**, **Kettenbrücke**... Wie gesagt, die Erkundung der Wörlitzer Anlagen ist ein zeitaufwändiges Unternehmen.

Auch wenn die Wörlitzer Anlagen alle Aufmerksamkeit auf sich ziehen, sollten wir der Stadt ein wenig Beachtung schenken. Neben einigen hübschen Fachwerkhäusern des 18. Jahrhunderts verdienen vor allem das **Rathaus** 7 (1789-95) (*Markt*), die ehemals fürstliche **Domäne** (1783-87) (*Erdmannsdorffstraße*) und der neugotische, einem Stadttor ähnelnden **Gasthof zum Eichenkranz** 8 (1785-87) (*Neuer Wall*), allesamt Erdmannsdorff-Bauten, mehr als nur einen flüchtigen Blick.

Schloss Oranienbaum

Tipp

Oranienbaum

Eine besondere Perle im Gartenreich Dessau-Wörlitz ist das barocke Stadt-, Schloss- und Parkensemble **Oranienbaum**. Das breitgelagerte, dreiflügelige **Schloss** 68 (1683-93) ist eines der frühesten Beispiele eines sich völlig vom Festungscharakter lösenden Schlossbaus. Wirtschaftsgebäude und Stallungen, allesamt Fachwerkkonstruktionen, wurden später beiderseits der Kavalierhäuser symmetrisch angefügt. Von den erhaltenen Innenräumen sind vor allem der mit holländischen Ledertapeten ausgestattete Festsaal und der mit Delfter Fliesen verkleidete Sommerspeisesaal sehenswert (Öffnungszeiten: Mai-September Di-So 10-18 Uhr, April/Oktober Sa/So 10-17 Uhr). In dem im französischen Stil angelegten **Schlossgarten** erstreckt sich eine 175 Meter lange, in klassizistischen Formen erbaute **Orangerie** 69 (1812-18). Bis zu 550 Orangenbäume waren hier einst vorhanden – seit einiger Zeit wird die Orangenzucht in Oranienbaum wiederbelebt. Der **Chinesische Garten** 70 (1793-1997) ist in seiner Geschlossenheit und in seinem Erhaltungszustand von herausragender Bedeutung. Wasserläufe, ein Teich, kleine Brücken und Schlängelwege gliedern das modellierte Terrain. Eine **Pagode** 71 und ein backsteinernes **Teehaus** (1792) setzen architektonische Akzente.

Der quadratische, mit doppelten Lindenreihen bepflanzte **Marktplatz** 72 spiegelt in seinen original erhaltenen Bauten die wichtigsten Epochen der

Das eiserne Orangenbäumchen steht im Zentrum des riesigen Marktplatzes.

bürgerlichen Stadtgeschichte wider. In seinem Zentrum steht das schmiedeeiserne, aus einer barocken Sandsteinvase entwachsende **Orangenbäumchen** ⓻⓷. Die neun vergoldeten Orangen symbolisieren die lebend geborenen Kinder der Stadtgründerin, der Prinzessin Henriette Catharina von Nassau-Oranien (1637-1708). Die Innenausstattung der barocken **Stadtkirche** (74) (1704-1712) (*Kirchstraße*) ist in großen Teilen noch im Originalzustand ihrer Erbauungszeit erhalten und spiegelt in ihrer Schlichtheit den hier gepredigten calvinistisch-reformierten Glauben wider.

Über die mäßig befahrene B 107 ist Oranienbaum von Wörlitz problemlos zu erreichen (11 Kilometer).

*Gleich hinter **Wörlitz** gelangen wir auf den Elbdeich, passieren das an einem Altwasser stehende **Wachhaus Berting** und **Rauhe Wachhaus**, und gelangen auf dem nunmehr **Fliederwall** genannten Damm nach **Vockerode**. Das ehemalige Fischerdorf **Vockerode** war fast 60 Jahre lang Standort eines Braunkohlekraftwerks. Die Dreckschleuder inmitten des Gartenreichs wurde 1994 stillgelegt. Nach der 2001 erfolgten Sprengung der vier 140 Meter hohen Kraftwerksschornsteine - das Kraftwerk selbst steht unter Denkmalschutz - ist die zweitürmige neugotische **Kirche** (1810-12) wieder das höchste Bauwerk zwischen **Wörlitz** und **Dessau**. Hinter dem Ort unterqueren wir die **Autobahnbrücke** (A 9), passieren den auf dem Elbdeich stehenden **Dianentempel** und erreichen durch das neogotische **Burgtor** den **Sieglitzer Park**.*

27 km (248 km)

31 km (252 km)

Der **Sieglitzer Park** (75) liegt auf einer hochwasserfreien Anhöhe, dem **Sieglitzer Berg**. Im Vergleich zu den übrigen Anlagen des Gartenreichs kann man hier die gestalterischen Eingriffe des Gärtners in die natürlichen Gegebenheiten kaum wahrnehmen. Genau das war die Absicht des Fürsten Franz, der am Sieglitzer Berg eine »geordnete Wildnis« wünschte. Von den alten Bauwerken, vor allem von der **Solitude** (um 1777), dem einem dorischen Tempel gleichenden Waldschlösschen, ist nicht mehr viel erhalten – zunächst vernachlässigt wurde der Waldpark in den 70er Jahren des letzten Jahrhunderts von der Sowjetarmee und der Nationalen Volksarmee als Manövergelände missbraucht.

*Auf dem **Platanenwall** rollen wir durch eine Niederung. Hinter der reizvoll gelegenen Ausflugsgaststätte »Forsthaus Leiner Berg« überqueren wir mit dem aus dem **Leinersee** austretenden **Fließgraben** die Stadtgrenze von **Dessau**.*

35 km (256 km)

Dessau, erstmals 1213 urkundlich erwähnt, war zwischen 1471 und 1918 Residenz der Fürsten von Anhalt-Dessau beziehungsweise Anhalt. Insbesondere unter der Herrschaft von Fürst Franz, der das kleine Fürstentum zum fortschrittlichsten Territorialstaat seiner Zeit machte, erlebte der Ort eine kultu-

relle Blüte. Die Mitte des 19. Jahrhunderts einsetzende Industrialisierung veränderte das Gesicht der Stadt. Neben Maschinenbau und chemischer Industrie bestimmte vor allem der Flugzeugbau die Industriestruktur – 1919 baute Hugo Junkers hier das erste Ganzmetall-Verkehrsflugzeug der Welt. Im Jahre 1926 siedelte das aus Weimar vertriebene Staatliche Bauhaus nach Dessau über. Architektur und Kunst, Technik und Design wurden weltweit vom Bauhaus beeinflusst. Die Nationalsozialisten erzwangen 1932 die Schließung des Bauhauses, aus den 1933 verstaatlichten Junkers-Werken entstand unter Ausschaltung seines Gründers ein Rüstungszentrum der Luftwaffe. Vor allem diesem galten im Zweiten Weltkrieg zahlreiche alliierte Luftangriffe, die schließlich 1945 zur totalen Verwüstung der Innenstadt führten. Nach dem Krieg wurde Dessau zu einem industriellen Zentrum der DDR, im Wohnungsbau dominierten Plattenbauten. In den letzten Jahren sind zwar zahlreiche historische Gebäude und Anlagen aufwändig restauriert worden, den Charme der ehemaligen Renaissancestadt sucht man allerdings weitgehend vergeblich.

Tipp

Luisium

Gütertrennung im Gartenreich – eine Hälfte des seit 1780 als **Luisium** firmierenden Gartens schenkte Fürst Franz seiner Gattin Luise zum Geburtstag. In der gartenkünstlerisch durchgestalteten englischen Anlage der Fürstin steht auf einer kleinen Anhöhe das klassizistische **Schloss** 76 (1774-1778). Der schlichte pavillonartige Bau gilt als das Meisterwerk Erdmannsdorffs (Öffnungszeiten: Mai-September Di-So 10-18 Uhr, April/Oktober Di-So 10-17Uhr). In dem eher intimen Garten, der eine artenreiche Flora und Fauna aufweist, setzen der **Pegasusbrunnen**, die **Grotte mit Belvedere** 77 (1782), das **Blumengartenhaus** (vor 1796) und eine **Bogenbrücke** (1776)

Schloss Luisium

reizvolle Akzente. Der im Besitz des Fürsten befindliche Gartenteil diente vorwiegend wirtschaftlichen Zwecken. Blumen, Gemüse und Obst wurden hier angebaut. In den aus Fachwerkgebäuden gebildeten **Wirtschaftshof** (um 1750-1775) integriert ist die mit einer klassizistischen Fassade ausgestattete **Orangerie** 78 (1782-1784). Das neogotische **Schlangenhaus** 79 (1794/5) kann heute als Ferienhaus gemietet werden (2 Kilometer).

*Durch den **Saugarten**, ein ausgedehntes Waldgebiet, rollen wir zur **Mulde**, überqueren diese mit der überdachten **Jagdbrücke**, gelangen durch ein Kleingartengelände zur **B 184**, unterqueren diese und eine Bahntrasse und fahren am Rand des **Beckerbruchs** zu dem unweit des **Leopoldshafens** stehenden **Elbpavillon**. Vor diesem zweigen wir nach links in die **Georgenallee**, der wir durch den südlichen Teil des **Georgiums** bis zur **Parkstraße** folgen. Von der **Antoinettenallee** ist es dann nur noch ein Katzensprung zum **Dessauer Hauptbahnhof**.*

39 km (260 km)

42 km (263 km)

Sightseeing per Velo: Dessau

Auch hier eine Vorbemerkung: Die Sehenswürdigkeiten Dessaus liegen teilweise sehr weit auseinander. Entfernungsmäßige »Ausreißer« sollten nur von speziell Interessierten angesteuert werden.

Vom **Hauptbahnhof** folgen wir linkshaltend der *Antoinettenstraße* über das Bahngleis hinweg bis zur *Kleiststraße*, gelangen mit dieser zum *Seminarplatz* und steuern mit der *Bauhausstraße* das **Bauhaus** ❶ (1925/26) an. Das von Walter Gropius (1883-1969), 1919 Gründer der Hochschule für Gestaltung (Bauhaus) und bis 1928 ihr Direktor, entworfene Schul-, Werkstatt- und Ate-

Das Bauhaus gehört zum UNESCO-Welterbe.

liergebäude gilt mit seinen ineinandergeschobenen kubischen Formen und der vorgehängten Glasfassade als richtungsweisendes Werk der klassischen Moderne – als solches gehört es seit 1996 zum UNESCO-Welterbe. Das aufwändig restaurierte Gebäudeensemble ist heute Sitz der Stiftung Bauhaus Dessau, die sich neben der Pflege, Erforschung und Vermittlung des Bauhauserbes insbesondere mit dem Thema Stadt beschäftigt (Öffnungszeiten: tägl. 10-18 Uhr, Führungen tägl. 11 und 14 Uhr). In der von der *Gropiusallee* abzweigenden *Ebertallee* stehen die von Gropius entworfenen **Meisterhäuser** ❷ (1925/26) (*Hausnummern 63-71*), die seit 1996 zum UNESCO-Welterbe gehören. Nach umfassenden Sanierungen werden sie für unterschiedliche Zwecke verwendet: Das **Haus Feininger** beherbergt das **Kurt-Weill-Zentrum**, das

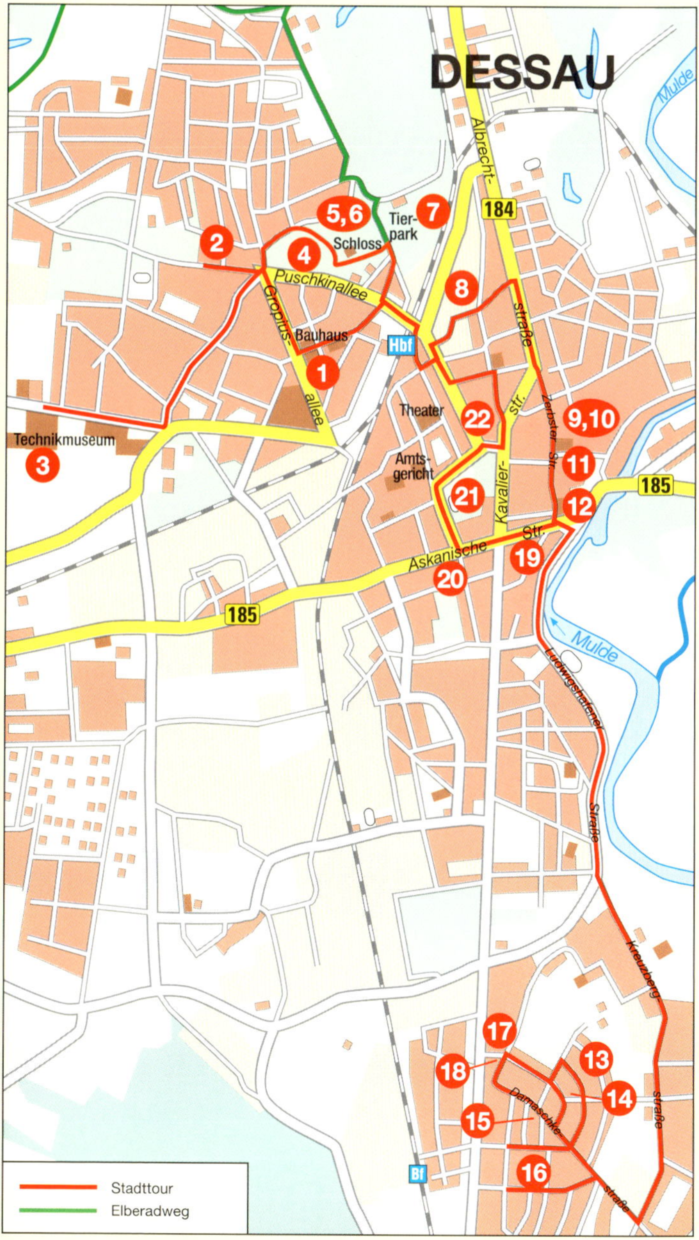
DESSAU
Mulde
Albrecht-
184
7
Tier-
park
5,6
Schloss
2
4
Puschkinallee
Gropius-
allee
8
straße
Bauhaus
Hbf
1
Theater
22
str.
Zerbster Str.
9,10
Technikmuseum
3
Amts-
gericht
21
Kavalier-
11
185
12
Str.
Askanische
19
20
185
Mulde
Ludwigshafener
Straße
Kreuzberg-
straße
17
13
18
14
Damaschke-
15
16
straße
Bf
Stadttour
Elberadweg

Meisterhäuser

Haus Muche/Schlemmer wird durch die Stiftung Bauhaus Dessau und für Ausstellungen genutzt und das durch seine Farbigkeit im Innern besonders faszinierende **Haus Kadinsky/Klee** bietet Dokumentationen zu den beiden Künstlern sowie zur Baugeschichte der Häuser (Öffnungszeiten: Mitte Februar-Oktober Di-So 10-18 Uhr, November-Mitte Februar Di-So 10-17 Uhr).

Technikinteressierte sollten von der *Gropiusallee* der *Ziebigker Straße* zur *Kühnauer Straße* folgen: Das **Technikmuseum Hugo Junkers** 3 (*Nr. 161a*) widmet sich dem Lebenswerk Hugo Junkers (1859-1935). Der »Star« unter den zahlreichen Ausstellungsstücken ist eine in Norwegen geborgene »Ju 52/3m« (Öffnungszeiten: tägl. 10-17 Uhr).

Am Ende der *Gropiusallee* lenken wir nach rechts in die Straße *Am Georgengarten*, stoßen auf die *Georgenallee* und folgen dieser nach rechts in das **Georgium** 4. Das auf Betreiben von Prinz Johann Georg von Anhalt-Dessau (1748-1811), dem jüngeren Bruder des Fürsten Franz, entstandene und nach ihm benannte Georgium ist nach den Wörlitzer Anlagen der zweitgrößte Landschaftspark im Gartenreich Dessau-Wörlitz. Er besteht aus dem naturnahen **Beckerbruch**, einem waldigen Labyrinth mit Dämmen, Hügeln, Wiesen und Gewässern, und dem gärtnerisch gestalteten **Georgengarten**. In seinem Zentrum steht das **Schloss Georgium** 5 (1780). Das nach Plänen von Erdmannsdorff errichtete frühklassizistische Landhaus wurde 1893 durch seitliche Anbauten erheblich erweitert. Es beherbergt heute die **Anhaltische Gemäldegalerie** (Öffnungszeiten: Di-So 10-17 Uhr). Im **Fremdenhaus** 6 (um 1780), das von Erdmannsdorff als »architektonisches Lehrstück« konzipiert wurde, indem er jede Hausseite in einem anderen Stil gestaltete, ist die **Graphische Sammlung** der Anhaltischen Gemäldegalerie untergebracht. Das für die Her-

Schloss Georgium

züge von Anhalt erbaute **Mausoleum** 7 (1894-98), ein gewaltiger Kuppelbau im Stil der italienischen Hochrenaissance, steht in einem Jugendstilgarten, der gegenwärtig als **Lehrpark für Tier- und Pflanzenkunde** genutzt wird.

Mit der *Georgenallee* verlassen wir das Georgium, zweigen nach rechts in die *Parkstraße*, überqueren mit der *Antoinettenstraße* die Bahngleise und gelangen linkshaltend zum *Wörlitzer Platz*. Das neue **Umweltbundesamt** 8 (2002-05) gilt als ein herausragendes Beispiel ökologischen Bauens. Markantestes Merkmal des sanft geschwungenen Baukörpers, der sich wie ein landschaftsarchitektonisches Element in einem auf Industriebrache entstandenen Park ausdehnt, ist seine fast einen Kilometer lange Holz-Glasfassade, die in einem breiten Farbspektrum gehalten ist (Öffnungszeiten: Mo-Fr 6-22 Uhr, Sa 6-16 Uhr, So 8.30-16 Uhr). Mit der *Unruhstraße* und der *Carl-Maria-von-Weber-Straße* gelangen wir zur *Albrechtstraße* (*B 184*), folgen dieser nach rechts und erreichen über den *Albrechtsplatz* die *Zerbster Straße*. Das ehemalige **Palais Fürst Dietrich** 9 (1747-52) (*Nr.35*) beherbergt die **Wissenschaftliche Bibliothek der Anhaltischen Landesbücherei**. Im ehemaligen **Palais Waldersee** 10 (1792-95) (*Nr.1*), ein Erdmannsdorff-Bau, ist die **Anhaltische Landesbücherei untergebracht**. Im Hof des im Stil der Neorenaissance erbauten **Rathauses** 11 (1899-1901, vereinfachte Rekonstruktion 1952) befinden sich zwei Sandsteinportale eines Vorgängerbaus (1653). Die backsteinerne **St. Marien-Kirche** (1506-54) ist ein spätgotischer Hallenbau mit Renaissanceelemen-

Umweltbundesamt

ten. Unweit der ehemaligen Schlosskirche stoßen wir am *Schlossplatz* auf den **Johannbau** ⑫ (um 1530). Der rekonstruierte Flügel des 1945 ausgebrannten ehemaligen Residenzschlosses ist heute Sitz des **Museums für Stadtgeschichte** (Öffnungszeiten: Di-So 10-17 Uhr). Mit der *Steinstraße* gelangen wir zur *Askanischen Straße* (*B 185*).

Wer an (weiterer) Bauhaus-Architektur interessiert ist, sollte sich den Abstecher zur **Siedlung Törten** nicht entgehen lassen. Dazu folgen wir der *Ludwigshafener Straße* an der Mulde entlang bis zur *Kreuzbergstraße*, zweigen aus dieser nach rechts in die *Damaschkestraße* und gelangen in die von Walter Gropius entworfene **Siedlung Törten** (1926-28). Hier wurde versucht, die Notwendigkeit des preisgünstigen Massenwohnungsbaus durch die Industrialisierung des Bauens zu realisieren. Leider sind die 314 zweistöckigen Flachdachreihenhäuser im Laufe der Jahre von ihren Eigentümern vielfach verändert worden. Originalgetreu wiederhergestellt wurden ab 1992 das **Haus Mittelring 38** ⑬, heute Sitz der **Moses-Mendelssohn-Gesellschaft** (Öffnungszeiten: März-Oktober tägl. 10-17 Uhr, November-Februar Mo-Fr 10-16 Uhr, Sa/So 13-16 Uhr), sowie das **Haus Kleinring 5** ⑭ (Öffnungszeiten: März-Oktober Di-S0 10-18 Uhr, November-Februar Di-So 10-17 Uhr). Das Zentrum der Siedlung bildet das **Konsumgebäude** ⑮ (1928) (*Damschkestraße*). Unweit der Gropius-Siedlung stehen die von Hannes Meyer entworfenen fünf **Laubenganghäuser** ⑯ (1929/30) (*Mittelbreite, Peterholzstraße*), mit denen ein seit

Rathaus

St. Johannis-Kirche

dem Mittelalter tradierter Wohnhaustyp aufgegriffen wurde. Ganz dem Experiment verpflichtet war das von Georg Muche und Richard Paulick entworfene **Stahlhaus** **17** (1926/27) (Ecke *Südstraße/Doppelreihe*), das die Stiftung Bauhaus Dessau nach seiner denkmalgerechten Restaurierung als **Informationszentrum für die Siedlung Törten** nutzt (Öffnungszeiten: März-Oktober Di-So 10-18 Uhr, November-Februar Di-So 10-17 Uhr). Das benachbarte **Wohnhaus Fieger** **18** (1927) (*Südstraße*) könnte ein Gropius-Bau sein – tatsächlich gehörte sein Architekt zu den engsten Mitarbeitern des Bauhausdirektors.

Zurück in der *Askanischen Straße* rollen wir an der barocken **St. Georgs-**

Kirche (1712-17) vorbei zum **Museum für Naturkunde und Vorgeschichte** **19** (Öffnungszeiten: Di-Fr 9-18 Uhr, Sa 13-18 Uhr, So 10-18 Uhr). Über die *Kavalierstraße* hinweg gelangen wir zum *August-Bebel-Platz*. Das ehemalige **Arbeitsamt** **20** (1928/29) entstand nach einem Entwurf von Walter Gropius (Öffnungszeiten: Mo 8-12 Uhr, Di 8-12 und 13.30-17.30 Uhr, Mi 10-12 Uhr, Do 8-12 und 13.30-15 Uhr). Abgerissen gehört der vom FDGB später angefügte einfallslose Hochbau... Mit der *Lohmannstraße* und *Friedrichstraße* umfahren wir den einladenden **Stadtpark** **21**, in dem ein klassizistisches **Teehaus** (um 1780) und Reste der alten **Stadtmauer** (1712) durchaus eine Schiebeeinlage lohnen, zweigen nach links in die *Kavalierstraße* und gelangen geradeaus in die *Johannisstraße*. Die **St. Johannis-Kirche** **22** (1688-93) birgt im Innern drei, ursprünglich aus der Schlosskirche stammende Tafelgemälde von Vater und Sohn Cranach (1565 und später). Vor der spätklassizistischen **Leopoldskaserne** (1852-55) zweigen wir nach links in die *Ferdinand-von-Schill-Straße*, folgen der *Antoinettenstraße* nach rechts und erreichen nach wenigen Metern den **Hauptbahnhof** (18 Kilometer, ohne die Abstecher Technikmuseum Hugo Junkers und Siedlung Törten 8 Kilometer)

i

Stadtinformation, Am Markt 1, 06869 Coswig (Anhalt), Tel. 034903/61012, buergerbuero@coswig-online.de, www.coswig-anhalt.de;
Woerlitz-Information, Förstergasse 26, 06786 Wörlitz, Tel. 034905/20216 und 19433, info@woerlitz-information.de, www.woerlitz-information.de;
Stadtinformation und Touristikagentur, Schlossstraße 17, 06785 Oranienbaum, Tel. 034904/22520, Stadtinfo@Oranienbaum.de, www.Oranienbaum.de;
Roßlau-Information, Südstraße 9, 06862 Roßlau, Tel. 034901/82467, stadtinformation@rosslau.de, www.stadtinformation-rosslau.de;
Tourist-Information, Zerbster Straße 2c, 06844 Dessau, Tel. 0340/2041442 und 19433, touristinfo@dessau.de, www.dessau-tourismus.de.

Dessau – Magdeburg

Von einem bescheidenen Fürstensitz zu einer ehemaligen Kaiser- und Reichshauptstadt, vom sachlichen Bauhaus zum verspielten Hundertwasserbau

Auch auf der längsten und zugleich letzten Etappe unser Elbetour steht das Landschaftserlebnis im Vordergrund: Im Kerngebiet des Biosphärenreservates »Mittlere Elbe«, zwischen der Mulde- und Saalemündung, liegt der größte zusammenhängende Auenwaldkomplex Mitteleuropas. Er bietet Lebensraum für eine überaus artenreiche Fauna und Flora. Auenwälder, das Grünland der Flussauen und eine Vielzahl von Gewässern im Überflutungsgebiet der Elbe sind unsere ständigen Begleiter – sie behaupten sich selbst im großstädtischen Zentrum unseres Tourenziels Magdeburg. Trotz Elbaue und zahlreicher (Landschafts-)Parkanlagen – die ehemalige Kaiserstadt hat ein umfangreiches Kulturprogramm zu bieten, auf das wir uns unbedingt einlassen sollten.

Fähranleger Ronney

F
-278

Die Etappe auf einen Blick

Streckenlänge	85 Kilometer.
Steigungen	Zwei Mini-Anstiege - ansonsten eben.
Wegbeschaffenheit	Bis auf 10 Kilometer Forst- und Schotterwege ausschließlich asphaltierte/betonierte/ gepflasterte Rad-, Deich- und Güterwege sowie verkehrsarme Straßen.
Fähren	Aken-Steutz, Tochheim-Breitenhagen, Ronney-Barby.
Bahnverbindung	Von Dessau nach Magdeburg.
Sehenswürdigkeiten	Dessau: Kornhaus in Ziebigk, Landschaftsgarten, Schloss und Dorfkirche in Großkühnau. Aken: St. Nikolai-Kirche, Rathaus, Tortürme, Heimatmuseum. Steckby: Storchenmühle. Zerbst: Schloss, Hofkirche St. Bartholomäi, Kavaliershäuser, Rosenwinkel, Francisceum, St. Trinitatis-Kirche, Stadtkirche St. Nikolai, Roland, Heidetor. Ronney: Umweltzentrum. Barby: Prinzesschen, Schloss, St. Johannis-Kirche, St. Marien-Kirche. Dornburg: Schloss. Pretzien: Steinbruchseen, St. Thomas-Kirche, Pretziener Wehr. Ranies: Dorfkirche, Planetenlehrpfad. Schönebeck: Salzturm, Salzblume, Rathaus, St. Jakobi-Kirche, SCHALOM-Haus. Bad Salzelmen: Gradierwerk, Soleturm, Kurhaus, St. Johannis-Kirche, Gertraudenfriedhof. Magdeburg: Steinzeithausanlage Randau, Cracauer Wasserfall, Stadtpark Rotehorn, Aussichtsturm, Museumsschiff »Württemberg«, Altstadt ☆.
Bademöglichkeiten	Dessau-Großkühnau (Naturbad), Pretzien (Steinbruchseen), Schönebeck-Bad Salzelmen (Sole- und Erholungsbad »Solequell«), Magdeburg (Freizeitbad NAUTICA, Hallen- und Freibäder).
Gaststätten außerhalb der größeren Ortschaften (Auswahl)	Restaurant-Cafè »Kornhaus« in Dessau, Gasthof »Zur Burg Rainer« in Dessau-Großkühnau, Gaststätte »Fährhaus« in Aken, Gasthaus »Zum Biber« in Steckby, Gasthaus »Zum Fährmann« in Ronney, Gaststätte »Schlosskrug« in Dornburg, Restaurant »Am Tiefensee« und »Parkhotel« in Pretzien, Gaststätte »Zur Tanne« in Ranies.
Campingplätze	Barby, Dornburg, Pretzien, Schönebeck, Magdeburg.

*Wir verlassen das **Dessauer Zentrum** auf dem Hinweg und gelangen zurück zu dem an einer wunderschönen Elbschleife gelegenen **Leopoldshafen**. Das »Bauhaus-Gütesiegel« besitzt das von Carl Fieger entworfene **Kornhaus** (80) (1929/30). Das gläserne Ausflugsrestaurant bietet einen zauberhaften Blick auf die **Elbe** und die sanfte Auenlandschaft. Auf einem Dammweg steuern wir den am **Kühnauer See** gelegenen **Landschaftsgarten von Großkühnau** an.*

5 km (268 km)

Der **Landschaftsgarten von Großkühnau** (81) ist die zuletzt geschaffene Anlage des Gartenreichs. Ab 1805 ließ Prinz Friedrich von Anhalt-Dessau (1769-1814), Sohn des Fürsten Franz, einen weiträumigen Garten in der waldreichen Elbaue anlegen. Der gestalterisch wichtigste Bereich der großzügigen Anlage ist der nach dem Tod des Prinzen entstandene **Weinberg** mit klassizistischem Pavillon (1818/19). Das **Weinberghaus** wird heute als Naturschutzstation genutzt.

Dorfkirche Großkühnau

*Außerhalb des Parks liegen das **Schloss Großkühnau** (82) (Mitte 18. Jh.), in dem sich heute der Sitz der **Kulturstiftung DessauWörlitz** befindet, und die neoromanische **Dorfkirche** (83) (1828-30). Mit **Großkühnau** verlassen wir sowohl das **Dessauer Stadtgebiet** als auch das **Gartenreich Dessau-Wörlitz** und radeln durch den ausgedehnten **Forst Haideburg** nach **Aken**.*

8 km (271 km)

16 km (279 km)

Die Schiffer- und Ackerbürgerstadt **Aken** gilt als eine Gründung Albrecht des Bären (1100-1170), der Mitte des 12. Jahrhunderts an einer alten Elbfurt Kolonisten aus Flamen und vom Niederrhein ansiedelte. Die schachbrettartig angelegte, seit 1330 von einer Mauer umschlossene (Alt-)Stadt ist als Flächendenkmal ausgewiesen. Von den einst zahlreichen Wehr- und Tortür-

Altarm der Elbe bei Aken

men im Verlauf der Stadtmauer sind der 25 Meter hohe **Köthener Torturm** 84 (1288/1551) (*Köthener Straße*), der mächtige **Dessauer Torturm** 85 (1608) (*Dessauer Straße*) und der schlanke **Burgtorturm** (1288/1500) (*Burgstraße*) erhalten geblieben. An dem von kleinen Fachwerkhäusern umrahmten Marktplatz steht das nach dem großen Stadtbrand von 1485 neu errichtete **Rathaus** 86 (1490). Der stattliche Putzbau besitzt einen sehenswerten frühbarock-renaissanceartigen (Ost-)Giebel, ein reich gestaltetes Sitznischenportal, im kreuzgewölbtem Ratskeller finden sich Wandmalereien. Die doppeltürmige **St. Nikolai-Kirche** 87 (*Nikolaiplatz*), eine dreischiffige, im Kern spätromanische Pfeilerbasilika, birgt einen spätgotischen Flügelaltar, ein spätgotisches Triumphkruzifix und eine Rover-Orgel – allesamt Übertragungen aus der **St. Marien-Kirche** (1188) (*Poststraße*), die nach ihrem Verfall von der Kirchengemeinde 1975 aufgegeben wurde. Seit 1992 im Besitz der Stadt wird die Kirche umfassend saniert. Im Gebäude des ehemaligen preußischen Postamtes (1798-1822) befindet sich das **Heimatmuseum** 88 (*Köthener Straße*). Besonderer Raum ist der interessanten Ausstellung »Leben am Fluss – Schifffahrt, Hafen, Werften« gewidmet (Öffnungszeiten: Sa/So Tel. 034909/30688): Vor dem Ersten Weltkrieg, der Blütezeit der Elbschifffahrt, war Aken mit über 250 Schiffseignern und über 400 Binnenschiffen die größte Schifferstadt an der

Elbe. Der 1889 angelegte Hafen ist heute ein wichtiger Umschlagplatz, die seit 1825 bestehende Schiffswerft Georg Placke hat sich auf den Bau von flachgehenden Fahrgastschiffen und Fähren spezialisiert.

Ein »Placke-Bau« ist die moderne ***Gierfähre****, mit der wir an der bereits 1355 erstmals urkundlich erwähnten Fährstelle vor der Akener Altstadt das Elbufer wechseln (Fährzeiten: Mo-Sa 6-20 Uhr, So 8-20 Uhr). Am* ***Forst Steckby****, einem geschützten Auenwald, vorbei gelangen wir in die* ***Steutzer Au****, erklimmen den niedrigen Elbtalhang, genießen eine wunderschöne Aussicht über die weite Auenlandschaft und radeln nach* ***Steckby****. Das am Rand des* ***Naturschutzgebietes Steckby-Lödderitzer Forst*** *gelegene gepflegte Dorf bietet eine hübsche Feldsteinkirche und mit der* ***Storchenmühle*** *ein Informations- und Begegnungszentrum rund um den Storch und die Naturschönheiten der Auenlandschaft (Öffnungszeiten: April bis Oktober tägl. 11-17 Uhr).* 24 km (287 km)

Hofkirche St. Bartholomäi mit abseits stehendem Glockenturm in Zerbst

Tipp

Zerbst

Am 16. April 1945, wenige Tage vor dem Ende des Zweiten Weltkriegs, versank der mittelalterliche Kern der erstmals 948 erwähnten Kleinstadt **Zerbst** bei einem alliierten Bombenangriff in Schutt und Asche. Auch wenn in der Nachkriegszeit aufgrund permanenter Mangelwirtschaft und wenig einfühlsamer Neubaumaßnahmen ein unharmonisches Stadtbild entstanden ist, so lohnt es sich durchaus, in der noch immer von einer mehr als

Kavaliershaus

vier Kilometer langen mittelalterlichen Stadtmauer umschlossenen Altstadt auf historische Spurensuche zu gehen.

Im gepflegten **Schlossgarten** stehen die pittoreske Ruine des Ostflügels des einst imposanten **Schlosses** 89 (1681-1749) und die barocke fürstliche **Reithalle** (1724-27), die heutige Stadthalle. An die Glanzzeiten der Hofhaltung erinnert das bauliche Ensemble **Schlossfreiheit** mit der aus einem Bergfried hervorgegangenen **Hofkirche St. Bartholomäi** **90** (in Teilen um 1215) samt freistehendem Glockenturm, die ehemalige **Schlosswache** und die beiden barocken **Kavaliershäuser** **91** (1705-07/1713). In den heute als »Rathaus« genutzten Gebäuden lädt eine einmalige Ausstellung zu »Katharina II.« Katharina die Große (1729-1796), Zarin von Russland, war eine »geb. Prinzessin Sophie Auguste Friederike von Anhalt-Zerbst-Dornburg« (Öffnungszeiten: Mo-Fr 9-12.30 Uhr und 13.30-17 Uhr, Mai bis September auch Sa 9-12.30 Uhr). Wer sich ein authentisches Bild von der Zerbster Altstadt vor der sinnlosen Bombardierung verschaffen möchte, sollte den im Schatten der Hofkirche liegenden **Rosenwinkel** **92** aufsuchen. Gut erhalten ist das 1235 gegründete, ehemalige Franziskanerkloster. Das **Francisceum** **93** *(Weinberg)* besteht im Wesentlichen aus der frühgotischen Kirche, Klostergebäuden des 15. Jahrhunderts und zwei von Kreuzgängen umschlossenen Innenhöfen. Es beherbergt heute ein Gymnasium, eine historische Bibliothek, zu deren vielen Schätzen eine dreibändige, von Lucas Cranach d.J. illustrierte Bibel zählt, und das Stadtmuseum (Öffnungszeiten: Fr-So 10-16 Uhr). Während die barocke **St. Trinitatis-Kirche** **94** (1683-96) *(Rennstraße)* nach ihrer Zerstörung bald wieder hergestellt worden ist (1953), bemüht sich seit 1991 ein Förderverein, die imposante Ruine der **Stadtkirche St. Nikolai** **95** (14./15. Jh.) *(Markt)*, der ehemals größten Hallenkirche Anhalts, zu sichern. Auf dem Marktplatz steht seit 1445/46 ein sandsteinerner **Roland** **96** – von dem einst bemerkenswert schönen, geschlossenen Marktensemble ist kaum noch etwas erhalten. Der Bombardierung weitgehend widerstanden hat die mittelalterliche **Stadtmauer** (1430-34) mit ihren Wehrgängen, Wiekhäusern, Pulvertürmen und Toren. Von den ehemals fünf Stadttoren ist das **Heidetor** **97** *(Heide)* das beeindruckendste und am besten erhalten gebliebene. In den zu einem parkartigen Gelände umgestalteten äußeren **Wallanlagen** lässt sich die Altstadt im Grünen reizvoll umrunden.

Von Steckby radeln wir am bequemsten auf einem wenig befahrenen Landsträßchen über Leps nach Zerbst (18 Kilometer).

Das durch die Elbe geteilte **Naturschutzgebiet Steckby-Lödderitzer Forst** **98** bildet einen der größten zusammenhängenden Auenwaldkomplexe Mitteleuropas. In dem 1991 als »Europareservat für Vogelschutz« ausgewiesenen Gebiet leben 226 Vogelarten – und damit die Hälfte aller regelmäßig in Europa vorkommenden Arten. Viele der hier brütenden Vogelarten stehen auf der »Roten Liste der Vögel der Bundesrepublik Deutschland« (z.B. Rohrweihe, Eisvogel, Rotmilan, Schwarzmilan, Schwarzstorch, Wachtelkönig, Flussregenpfeifer). Gleichzeitig liegt hier das Kerngebiet des Elbebibers.

Burgfried der ehemaligen Wasserburg in Walternienburg

Während der beschaulichen Fahrt durch das Totalreservat taucht unvermittelt das mitten im Wald stehende ***Ruinenportal*** *des ehemaligen Lustschlosses* ***Friederikenberg*** *(um 1700) auf – von selbigem ist seit 150 Jahren nichts*
32 km *mehr vorhanden. In* ***Tochheim*** *kön-*
(295 km) *nen wir mit einer Fähre nach* ***Breitenhagen*** *(Museumsschiff »Marie Gerda«, Paltrockmühle) übersetzen (Fährzeiten: Mo-Fr 5.30–19 Uhr, Sa/So 8-18 Uhr) – ansonsten radeln wir durch Auenwald in die* ***Nuthe-Niederung****, passieren die an der munteren* ***Nuthe*** *stehende* ***Poleymühle*** *und gelan-*
36 km *gen nach* ***Walternienburg****, wo*
(299 km) *wir auf die Reste einer ehemaligen* ***Wasserburg*** 99 *stoßen. Im nahen* ***Ronney*** *lohnt der Besuch des* ***Umweltzentrums*** 100 *(Öffnungszeiten: Mo-Fr 9-18 Uhr, Sa/So 14-*
38 km *17 Uhr). Vom Fähranleger kön-*
(301 km) *nen wir am gegenüberliegenden Ufer die Mündung der* ***Saale*** *in die* ***Elbe*** *erkennen und zum Besuch der Kleinstadt* ***Barby*** *mit der Gierseilfähre übersetzen (Fährzeiten: Mo-Fr 5.30-20.15 Uhr, Sa/So 7-18.45 Uhr).*

Tipp

Barby

An die Zeit einer fränkischen Grenzfeste erinnert in der heutigen Kleinstadt **Barby** einzig das **Prinzesschen** 101 *(Friesweg)*, ein hübscher Befestigungsturm (13. Jh.) mit Fachwerkaufsatz (um 1750) – letzte Teile der alten Grenzburg wurden 1840 abgerissen. Auf den Resten eines Mauerturms der Stadtmauer, die heute noch rudimentär erhalten ist, gründet der **Prinz** (1744) *(Breite Tor)*, ein barockes Teehäuschen. Das in der Nähe der alten Burganlage von Herzog Heinrich von Sachsen-Weißenfels errichtete zweigeschossige **Barockschloss** 102 (1687-1715) *(Schlossstraße)* ist nach zahlreichen Bränden nur noch äußerlich eine recht imposante Erscheinung; nach einer sehr wechselhaften Besitzergeschichte beherbergt es heute das Grundbucharchiv des Landes Sachsen-Anhalt. Die schlichte **St. Johannis-Kirche**

103 (Anfang 13. Jh.) *(Schlossstraße)*, die von Franziskanern als Klosterkirche erbaut wurde, birgt eine einmalige Sammlung von Grabplatten, die von der Frühgotik bis zum Barock reicht. Ebenfalls frühgotischen Ursprungs ist die dreischiffige **St. Marien-Kirche** (Anfang 13. Jh.) *(L.-Fuchs Straße)*, deren mächtiger Westturm (1505) das Wahrzeichen der Stadt ist (4 Kilometer).

Auf einem vorzüglichen Spurweg radeln wir durch die abwechslungsreiche Elbauenlandschaft nach ***Dornburg****. (Hinweis: Bei und nach Hochwasser fahren wir auf einem Landsträßchen von* ***Walternienburg*** *über* ***Gödnitz*** *und* ***Prödel*** *nach* ***Dornburg****.)* 48 km (311 km)

Schloss Dornburg

Schloss Dornburg 104 (1751-58) gehört zu den schönsten Spätbarockschlössern Deutschlands. Der innen wie außen unvollendete Bau – von der ursprünglich geplanten Dreiflügelanlage ist nur das Corps de logis ausgeführt worden – wird nach seiner anstehenden Sanierung das Landesamt für Archäologie und das Landesmuseum für Vorgeschichte beherbergen.

Dorfaus steuern wir durch die ***Dornburger Wiesen*** *einen ausgedehnten Kiefernwald an, in dem wir auf eine unerwartet große Feriensiedlung stoßen: Wir befinden uns in der äußerst reizvollen* ***Pretziener Seenlandschaft*** *105, einer Ansammlung von zwei Dutzend mit Wasser voll gelaufenen, teilweise riesi-* 52 km (315 km)

Pretziener Wehr

gen Steinbruchlöchern (Baden auf eigene Gefahr!). Seit dem Mittelalter wurde hier Quarzitgestein abgebaut und über die ***Elbe*** *verschifft – das ist heute Geschichte. Kunstgeschichtlich interessant ist die Dorfkirche im Flecken* ***Pretzien****: In der romanischen* ***St. Thomas-Kirche*** *106 (um 1150) wurden bei Restaurierungsarbeiten Fresco-Secco-Wandmalereien (1220-30) entdeckt, die zum künstlerisch Wertvollsten gehören, was im sächsischen Raum an Wandmalerei dieser Zeit erhalten ist.*
56 km *Außerhalb des Ortes befindet sich das denkmalgeschützte* ***Pretziener Wehr*** *107.*
(319 km) *Nach teilweise katastrophalen Hochwasserschäden in der Region beschloss die Preußische Regierung 1869 den Bau des* ***Pretziener Wehrs*** *an der* ***Alten Elbe*** *und eines 18 Kilometer langen* ***Elbe-Umflutkanals****, mit dem die Städte* ***Schö-***

Zur Elbauenlandschaft bei Ranies gehören mächtige Solitäreichen.

St. Thomas-Kirche in Pretzien

*nebeck und Magdeburg vor größeren Überschwemmungen durch die (Strom-) Elbe bewahrt werden soll(t)en. Das zwischen 1871 und 1875 überwiegend von französischen Kriegsgefangenen erbaute Wehr zählt zu den größten Schützentafelwerken Europas. Auf einem Landsträßchen oder, landschaftlich überaus reizvoll, auf dem neben der **Alten Elbe** entlangführenden Elbdeich gelangen wir nach **Ranies**, werfen einen Blick auf die kleine Fachwerkkirche* 58 km
*(1150) und fädeln in den auf dem Elbdeich angelegten **Planetenlehrpfad** (108) ein,* (321 km)
*der auf einer Länge von 5,96 Kilometern die Dimension unseres Sonnensystems in Größe und Entfernung erlebbar macht. Auch wenn wir mittlerweile das **Biosphärenreservat »Mittlere Elbe«** verlassen haben, zeigt sich die Elbauenlandschaft weiterhin von ihrer schönsten Seite – hierzu gehören vor allem die über 300 Jahre alten Solitäreichen. In **Grünewalde** passieren wir die **Elbbrücke**, über die wir die* 66 km
*Kleinstadt **Schönebeck-Bad Salzelmen** ansteuern können.* (329 km)

Die Kleinstadt Schönbeck grüßt Elbschiffer und Radler mit einer »Salzblume«.

Tipp

Schönebeck – Bad Salzelmen

Erste Hinweise auf Solequellen bei Elmen stammen aus dem Jahr 1170. Mit Groß Salze entstand ein weiteres Zentrum der Salzgewinnung. Bis nach Sachsen und Böhmen wurde das weiße Gold verschifft. Die Pfänner, auch Salzherren genannt, prägten Verwaltung, Politik und Architektur. 1705 nahm die Königliche Saline zu Schönbeck ihre Arbeit auf und wurde zum größten preußischen Unternehmen seiner Zeit.

Gradierwerk in Bad Salzelmen

Zu den zahlreichen »salzigen Zeugnissen« in **Schönebeck**, das erst 1932 durch die Vereinigung der Orte Frohse, Schönebeck und Salzelmen (bis 1926 Groß Salze) seine heutige Gestalt erhielt, gehört vor allem das **Gradierwerk** ⑩⑨ *(Eggersdorfer Straße)* im Ortsteil Bad Salzelmen. Es wurde 1756-65 vom preußischen Staat errichtet, um den recht niedrigen Salzgehalt der Sole zu erhöhen. Mit einer Länge von 1837 Metern dürfte es das längste der Welt gewesen sein. Heute ist es auf immer noch imposante 350 Meter verkürzt und dient ausschließlich Kurzwecken (Freiluftinhalation) des bereits 1802 begründeten ersten deutschen Soleheilbades. Wer einen kleinen Treppenaufstieg nicht scheut, kann das Gradierwerk besteigen und aus 20 Metern Höhe eine schöne Sicht auf den **Kurpark** genießen. In diesem stehen der 32 Meter hohe **Soleturm** 110 (1776), der bis 1999 aus 85 Metern Tiefe die für den Kurbetrieb erforderliche Sole lieferte, das klassizistische **Kurhaus** 111 (1878) und das 1999 eröffnete Sole- und Erholungsbad **»Solequell«** . »Salziges« findet sich auch in Schönebeck selbst mit einem weiteren **Salzturm** 112 *(Salztor)*, der heute eine Galerie beherbergt, und der 1997 vom dänischen Künstler Anders Nyborg geschaffenen, 16 Meter hohen **Salzblume** 113 *(Salzblumenplatz)*.

In Bad Salzelmen dokumentiert sich der mit dem Salzgeschäft erzielte Wohlstand in der Ausstattung der **Pfännerkirche**, der dreischiffigen, spätgotischen **St. Johannis-Kirche** 114 (1430-1550) *(Kirchstraße)*. Besonders hervorzuheben sind das prunkvolle Gestühl der einst adligen Pfännerfamilien und die reichgestaltete Barockkanzel. Der **Gertraudenfriedhof** 115 *(Chausseestraße)*, eine parkähnliche Anlage mit altem Baumbestand, war seit alters her Begräbnisstätte der Bewohner von Groß Salze. Hier finden sich viele mittelalterliche Grabplatten aus pfännerschaftlichen Gruften, die die typische Kleidung adliger Pfänner zeigen. Salz war sicherlich auch die materielle Basis des **Rathauses** 116 *(Pfännerstraße)*. Der im Kern spätgotische, 1536 erheblich erweiterte Bau wird heute als **Kreismuseum Schönebeck** genutzt, in dem der Salzgeschichte ein breiter Raum eingeräumt wird (Öffnungszeiten: Di/Do/Sa 13-17 Uhr).

In Schönebeck selbst verdienen das im Stil der Neorenaissance erbaute **Rathaus** 117 (1892/93) *(Markt)* mit seinen schönen Portalen, Erkern, Dachaufbauten und seiner Freitreppe, die im Kern frühgotische **St. Jakobi-Kirche** (2. Hälfte 13. Jh.) *(Breiteweg)*, die im 18. und 19. Jahrhundert umfassende Veränderungen erfahren hat, und die orientalisch anmutende Fassade des **SCHALOM-Hauses** 118 *(Republikstraße)*, der ehemaligen jüdischen Synagoge, Beachtung (5 Kilometer).

Wir setzen unsere Fahrt auf dem Elbdeich fort. Unvermittelt heißt uns die »Landeshauptstadt Magdeburg auf dem Elberadweg« via Schild willkommen!

Magdeburg, Hauptstadt des 1947 entstandenen Landes Sachsen-Anhalt, kann auf eine lange und abwechslungsreiche Geschichte zurückblicken. Im Schnittpunkt sich kreuzender Fernhandelsstraßen entstand an einer fast ganzjährig nutzbaren Elbfurt ein bereits 805 als »Magadaburg« (Mägdeburg) erwähnter karolingischer Handelsplatz. Unter Kaiser Otto dem Großen (912-973) erfuhr der Marktflecken einen rasanten Aufstieg zur Hauptstadt des sich ostwärts ausdehnenden Deutsch-Römischen Reiches. Nach dem Tod des Kaisers entwickelte sich die 968 zum Erzbistum erhobene Stadt unter der alleinbestimmenden Macht des Klerus zu dem nach Hamburg wichtigsten Handelsplatz an der Elbe. Im Spätmittelalter gehörte Magdeburg, seit Ende des 13. Jahrhunderts Mitglied der Hanse, mit 30000 Einwohnern zu den größten und wohlhabendsten Städten Deutschlands. Im Dreißigjährigen Krieg wurde die Stadt von kaiserlichen Truppen fast vollständig zerstört – 1639 lebten nur noch 450 Menschen in Magdeburg. Seit 1648 unter Preußischer Herrschaft erholte sich die Stadt nur langsam – 1830 erreichte die Bevölkerung mit 20000 Einwohnern nicht einmal die des Spätmittelalters. Seit Mitte des 19. Jahrhunderts entwickelte sich Magdeburg zu einer bedeutenden Industriestadt, in der 1939 über 300000 Menschen lebten. Im Zweiten Weltkrieg wurde die Stadt zum zweiten Mal großflächig zerstört: Am 16.1.1945 flogen amerikanische und britische Bomber einen Großangriff – es gab Tausende Tote, Zehntausende Verletzte und 220000 Obdachlose, 90 Prozent der Altstadt, 30 Prozent

Steinzeithausanlage Randau

der Vorstädte und 80 Prozent der Industrieanlagen wurden vernichtet. Nach einer immensen Wiederaufbauleistung zeigt sich Magdeburg heute als eine moderne, lebendige Industrie-, Dienstleistungs-, Verwaltungs- und Universitätsstadt, in der zwar der DDR-typische, monotone (Platten-)Wohnungsbau (noch) das Stadtbild prägt, aber zahlreiche wieder aufgebaute oder restaurierte historische Bauwerke und architektonisch interessante »Nachwende-Bauten« sowie gepflegte (Landschafts-)Parks besuchens- und sehenswerte Highlights sind.

Wir verlassen den Elbdeich, tangieren die in der Niederung geradezu lustvoll
70 km *mäandernde **Alte Elbe**, besuchen die **Steinzeithausanlage Randau** (119)*
(333 km) *(Öffnungszeiten: Mitte Mai bis September Mo-Fr 9.30-15 Uhr, Sa/So 10-17 Uhr)*

und gelangen in das ***Naturschutzgebiet Kreuz-***
horst*. Kurz vor dem Etappen- und Tourenziel zeigt*
sich die Elbauenlandschaft noch einmal von ihrer
eindrücklichsten Seite: Auenwald, Auenwiesen, Alt-
wässer. Die ehemalige ***Immanuel-Kirche*** *in* ***Pres-*** 77 km
ter *dient heute profanen Bedürfnissen: Sie beher-* (340 km)
bergt ein empfehlenswertes Restaurant, der auf
dem Kirchhof eingerichtete Biergarten lohnt einen
Boxenstopp. Am ***Prester See****, einem Altarm der*
Elbe*, entlang setzen wir unsere »grüne« Einfahrt*
ins ***Magdeburger Zentrum*** *fort. Hinter dem im*
Zuge der 1705 erfolgten Regulierung der Elbe ent-
standenen ***Cracauer Wasserfall*** *– die (Strom-)****Elbe***
wurde in das heutige Flussbett umgeleitet – über-
queren wir mit einer modernen ***Rad- und Fußgän-***
gerbrücke *die* ***Alte Elbe*** *und gelangen in den auf*
*einer Insel zwischen (Strom-)****Elbe*** *und* ***Alter Elbe***
liegenden ***Stadtpark Rotehorn*** **120** *(1871/Erweite-*
rung 1898). In dem nach englischem Vorbild ange-
legten Landschaftspark folgen wir dem ***Seilerweg***
nach links, überqueren rechtshaltend die ***Taube***
Elbe *und fahren durch den von prächtigen Bäumen*
beschirmten ***Heinrich-Heine-Weg*** *bis zum* ***Hein-***
rich-Heine-Platz*. Wer die Welt gerne von oben*
sieht, sollte den neben der ***Stadthalle*** *stehenden,*
60 Meter hohen ***Aussichtsturm*** **121** *(1927) erklim-* 81 km
men (Öffnungszeiten: Sa/Mo-Do 11-17 Uhr, So 10- (344 km)
18 Uhr). Auf dem grasigen Elbufer hat der 1974
außer Dienst gestellte ***Seitenradschleppdampfer***
»Württemberg« **122** *(um 1900) seinen letzten Lie-*
geplatz gefunden. Das Technische Denkmal bietet neben einer Gastronomie eine
Ausstellung über die Elbschifffahrt (Öffnungszeiten: Di-Fr 10-16 Uhr, Sa/So 10-17
Uhr). Über die neu erbaute ***Sternbrücke*** *queren wir die (Strom-)****Elbe*** *und steu-*
ern die ***Eisenbahn-Hubbrücke*** **123** *(1846-47, Umbauten 1895 und 1934) an. Die*
außer Dienst gestellte Brücke, die zu den längsten Bauwerken dieser Art in der
Welt zählt, ist heute ein Technisches Denkmal. Auf der gepflegten ***Elbuferpro-***
menade *bummeln wir an der südlichen* ***Altstadt*** *entlang bis zur* ***Neuen Strom-*** 83 km
brücke*. Von hier gelangen wir entweder durch die verkehrsreiche* ***Ernst-Reu-*** (346 km)
ter-Allee *zum* ***Magdeburger Hauptbahnhof*** *oder wir überqueren die (Strom-)* 85 km
Elbe *und folgen dem Elberadweg bis nach* ***Cuxhaven*** *– aber das ist eine andere* (348 km)
Geschichte... (Ein Lesetipp: Hans-Jürgen Fuß, Elberadweg. Magdeburg – Cuxha-
ven, Bielefelder Verlag.)

Ein kühnes Bauwerk nur für Fußgänger
und Radfahrer – Brücke über die Alte Elbe

Sightseeing: Magdeburg

Wir beginnen unsere weitgehend als »Historischer Stadtrundgang« ausgeschilderte Rundfahrt durch die Magdeburger Altstadt am *Alten Markt*. Das **Rathaus** ❶ (1691-98), das auf den Grundmauern eines 1631 zerstörten spätromanischen Vorgängerbaus (12./13. Jh.) errichtet wurde (Ratskeller), ist ein eleganter zweigeschossiger Sandsteinbau im Renaissancestil. Vor dem **Rathaus** steht der **Magdeburger Reiter** ❷. Das Reiterstandbild, das wahrscheinlich Kaiser Otto den Großen darstellt, ist eine bronzene Kopie – das sandsteinerne Original (um 1240) befindet sich seit 1967 im Kulturhistorischen Museum (s.u.). Wenige Meter vom **Rathaus** entfernt erinnert das **Otto-von-Guericke-Denkmal** ❸ (1907) (*Bei der Hauptwache*) an den berühmten Sohn der Stadt (1602-86). Der Physiker und Naturforscher (Erfinder der Luftpumpe) war in schweren Zeiten Bürgermeister Magdeburgs (1646-76). Rechts am **Neuen Rathaus** (1904-07) vorbei gelangen wir mit der *Weitlingstraße* zur *Julius-Bremer-Straße*, folgen dieser nach rechts zur *Jakobstraße*, überqueren diese und gelangen nach wenigen Metern in die *Neustädter Straße*. Linker Hand begleiten uns die architektonischen Zeugnisse des realen Sozialismus, rechter Hand gibt es mittelalterliche Sakralbauten im Dreierpack. Die gotische **Maria-Magdalenen-Kapelle** ❹ entstand um 1315 als Sühnekapelle auf dem Gelände eines gleichnamigen Stiftes. Im Unterschied zu ihren beiden Nachbarn hat sie den Zweiten Weltkrieg fast unbeschadet überstanden. Die katholische **Petrikirche** ❺ ist aus einer kleinen romanischen Wehrkirche (um 1150) hervorgegangen, die 1380 um einen dreischiffigen gotischen Hallenneubau nicht unwesentlich erweitert wurde. Die **Wallonerkirche** ❻ (1366) war einst Teil eines 1285 gegründeten Augustinerklosters. Nach der Reformation wurde sie der reformierten Wallonergemeinde überlassen.

Vor der Maria-Magdalenen-Kapelle rollen wir durch eine Parkanlage, überqueren mit einer Fußgängerbrücke die stark befahrene Straße *Schleinufer* und gelangen zum **Petriförder**, der Anlegestelle der »Magdeburger Weißen Flotte«, an der vier Kilometer langen **Elbuferpromenade** ❼. Die **Historische Schiffmühle** ❽, der Nachbau einer Schiffmühle von 1874, erinnert an eine lange Magdeburger Tradition. Das erste nachweisbare Exemplar schwamm bereits 1297 auf der Elbe, das letzte wurde 1911 abgebaut (Öffnungszeiten: April bis Oktober Di-So 10-17 Uhr). Wer sich für das interessante Leben und Werk Otto von Guerickes interessiert, sollte die elbabwärts gelegene **Lukasklause** ❾ ansteuern (Öffnungszeiten: Di-So 10-17 Uhr). Der in das Gebäude integrierte mächtige **Welsche Turm** (1279) gehörte einst zur mittelalterlichen Stadtbefestigung. Vom Petriförder rollen wir elbaufwärts auf der durch gepflegte Grünanlagen, Skulpturen, Brunnenanlagen und Sitzberei-

Bild rechts: Vor dem Neuen Rathaus hat der Naturforscher und ehemalige Bürgermeister der Stadt, Otto von Guericke, Platz genommen.

OTTO v. GVERICKE
1602 - 1686

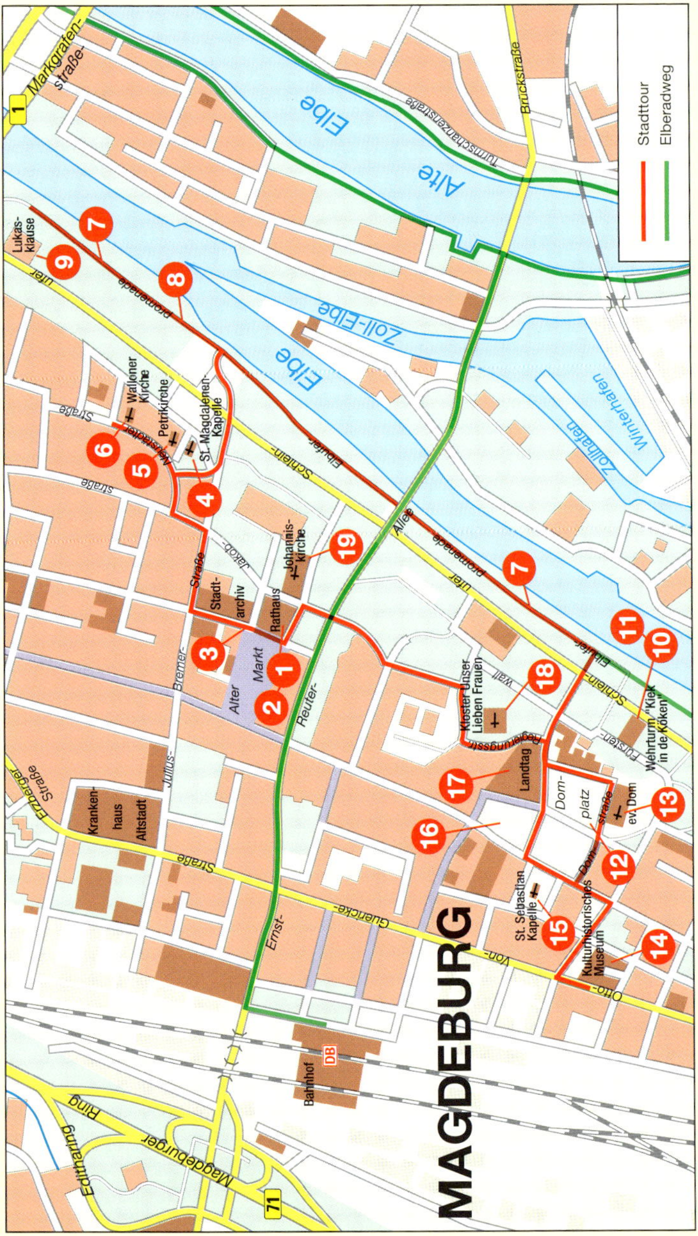
MAGDEBURG
Stadttour
Elberadweg
Alte Elbe
Elbe
Zoll-Elbe
Winterhafen
Zollhafen
Markgrafen-straße
Turmschanzenstraße
Brückstraße
Lukas-klause
Schleinufer
Elbuferpromenade
Allee
Wallonerkirche
Petrikirche
St. Magdalenen-Kapelle
Neustädter Straße
Stadtarchiv
Rathaus
Johanniskirche
Jakobstraße
Alter Markt
Julius-Bremer-Straße
Ernst-Reuter-Allee
Kloster Unser Lieben Frauen
Regierungsstraße
Wall
Landtag
Domplatz
Domstraße
ev. Dom
Wehrturm "Kiek in de Köken"
Fürstenwall
St. Sebastian Kapelle
Kulturhistorisches Museum
Otto-von-Guericke-Straße
Krankenhaus Altstadt
Erzberger Straße
Bahnhof
DB
Magdeburger Ring
Editharing
1
71
1
2
3
4
5
6
7
8
9
10
11
12
13
14
15
16
17
18
19

Maria-Magdalenen-Kapelle (li.) und Petrikirche

che abwechslungsreich gestalteten Elbuferpromenade bis zu dem vom **Wehrturm Kiek in de Köken ⑩** (1430) »gesicherten« **Fürstenwall ⑪**. Die bis zu zwölf Meter breite Flaniermeile entstand, als 1725 zwei im 15. und 16. Jahrhundert errichtete parallel verlaufende Stadtmauern verfüllt wurden. Vor der Fußgängerbrücke überqueren wir die Straße *Schleinufer* und gelangen mit der Straße *Gouvernementsberg* hinauf zum **Domplatz ⑫**. Unter dem riesigen Platz befinden sich die zwischen 1959 und 1968 freigelegten und danach wieder zugeschütteten (!) Grundmauern und Fundamente der ottonischen Kaiserpfalz (10. Jh.). Den Domplatz umschließt hufeisenförmig ein Ensemble aus prächtigen Barockbauten, in denen unter anderen der Landtag (s.u.) und der Ministerpräsident des Landes Sachsen-Anhalt residieren.

Das (stadt)beherrschende Bauwerk am Domplatz ist der **Dom St. Katharina und Mauritius ⑬**. Das Wahrzeichen Magdeburgs, das den Zweiten Weltkrieg fast unbeschadet überstand, ist der älteste gotische Sakralbau auf deutschem Boden und mit seiner Höhe von 104 Metern der höchste Sakralbau Ostdeutschlands. Nachdem ein Stadtbrand den ottonischen Dom (937-955) zerstörte, wurde der Dom von 1209 bis 1520 auf den Grundmauern seines Vorgängers nach französischem Vorbild als dreischiffige Basilika wieder errichtet. Von der Innenausstattung ging im Laufe der Jahrhunderte vieles verloren oder wurde zerstört, dennoch sind Kunstwerke von internationalem Rang zu besichtigen. Hierzu gehören Grundmauern, Taufstein und Säulen aus dem

»Grüne Zitadelle von Magdeburg«

SML

Kloster Unser Lieben Frau

ottonischen Dom, zahlreiche gotische Sandsteinplastiken des 13. Jahrhunderts (Figurenzyklus der klugen und törichten Jungfrauen, das thronende Sitzpaar), die Kanzel (1595-97), das gotische Chorgestühl (um 1360), der Katharinenaltar (um 1310) und eine Vielzahl von Grabmälern aus mehreren Jahrhunderten (u.a. Otto der Große). An die Gefallenen des Ersten Weltkrieges erinnert das von Ernst Barlach geschaffene Heldenmal (1929) (Öffnungszeiten: tägl. 10-18 Uhr).

Den Domplatz verlassen wir mit der *Lothar-Kreyssig-Straße* und kommen nach wenigen Metern zum *Breiten Weg*. Wer sich für die bedeutsame und wechselvolle Geschichte Magdeburgs interessiert, folgt dem *Breiten Weg* nach links, zweigt alsbald nach rechts in die *Danzstraße* und erreicht in der *Otto-von-Guericke-Straße* das **Kunsthistorische Museum** **14**, zu dessen Glanzstücken der rekonstruierte Kaiser-Otto-Saal und das Original des Magdeburger Reiters gehören (Öffnungszeiten: Di-So 10-17 Uhr). Im *Breiten Weg* rechtshaltend stoßen wir auf die **Stiftskirche St. Sebastian** **15**. Die romanische Basilika wurde um 1150 erbaut und im 14./15. Jahrhundert zur gotischen Hallenkirche umgebaut. Seit 1949 ist die Kirche, die wertvolle mittelalterliche und moderne Ausstattungsstücke besitzt, Bischofssitz und wurde infolge der Errichtung des Bistums Magdeburg 1994 zur Kathedrale erhoben. Die **Grüne Zitadelle von Magdeburg** **16** (2004/5), der nicht unumstrittene letzte Bau des österreichischen Künstlers Friedensreich Hundertwasser (1928-2000), soll eine »Oase für Menschlichkeit und für die Natur in einem Meer von rationellen Häusern« inmitten der »Betonwüste« Magdeburg sein. In dem formen-

Hier tagt der Landtag des
Landes Sachsen-Anhalt.

reichen, farbenfrohen und üppig bepflanzten Betonkomplex (!) sind Wohnungen, Läden, Büros, ein Kindergarten und ein Hotel untergebracht.

Vor der »Hundertwasser-Schöpfung« zweigen wir in die *Arthur-Ruppin-Straße* und gelangen zurück auf den Domplatz. Wir passieren den **Landtag von Sachsen-Anhalt** **17**, der in einem aus drei Barockbauten bestehenden Ensemble (um 1725) residiert, und rollen auf der *Regierungsstraße* zum **Kloster Unser Lieben Frauen** **18** (1064-1150). Das älteste erhaltene Bauwerk Magdeburgs besticht durch seine einmalige Geschlossenheit, das hervorragend erhaltene Brunnenhaus gilt als das älteste in Deutschland und der Kreuzgang in seiner Reinheit als der schönste im deutschsprachigen Raum. Wurde das ehemalige Kloster des Prämonstratenserordens seit 1700 als Pädagogium und humanistisches Gymnasium genutzt, so beherbergt es heute ein **Kunstmuseum** (vornehmlich Bildhauerei (Öffnungszeiten: Di-So 10-17 Uhr), die Klosterschulbibliothek mit 20.000 Bänden aus dem 15. bis 20. Jahrhundert und ein Café; die ehemalige Klosterkirche wird seit 1977 als **Konzerthalle Philipp Telemann** genutzt. Hinter dem Kloster zweigen wir in die *Große Klosterstraße*, verlassen diese nach links und steuern durch eine kleine Parkanlage die *Ernst-Reuter-Allee* an. Über diese geradeaus hinweg gelangen wir zur **Johanniskirche** **19** (1131). Die dreischiffige romanische Basilika, in der Martin Luther 1524 mit einer Predigt der Reformation in Magdeburg zum Durchbruch verhalf, ist heute ein »multifunktionaler Veranstaltungsort«. Vom begehbaren Südturm bietet sich ein schöner Rundblick auf die Magdeburger Altstadt und die Elbe (Öffnungszeiten: April bis Oktober tägl. 10-18 Uhr, November bis März tägl. 10-17 Uhr). Über die *Jakobstraße* hinweg erreichen wir den *Alten Markt* (6 Kilometer).

Blick von der »plastikreichen« Elbuferpromenade auf die Johanniskirche

i

tadt Aken, Markt 11, 06385 Aken, Tel. 034909/803, www.aken.de;
tadtinformation Bad Salzelmen, Badepark 1, 39218 Schönebeck, el. 03928/705524, info@solepark.de, www.schoenebeck-elbe.de;
ourist-Information, Ernst-Reuter-Allee 12, 39104 Magdeburg, el. 0391/19433, info@magdeburg-tourist.de, www.magdeburg-tourist.de.